Fabian Franke, Annette Klein
und André Schüller-Zwierlein

Schlüsselkompetenzen: Literatur recherchieren in Bibliotheken und Internet

Mit Abbildungen und Graphiken

Verlag J.B. Metzler Stuttgart · Weimar

Die Autor/innen

Fabian Franke (geb. 1966), Dr. rer. nat., ist Leiter der Universitätsbibliothek Bamberg und Vorsitzender der Arbeitsgruppe Informationskompetenz im Bibliotheksverbund Bayern.

Annette Klein (geb. 1971), Dr. phil., ist Fachreferentin für Romanistik und Philosophie an der Universitätsbibliothek Mannheim sowie Mitglied des Netzwerks Informationskompetenz Baden-Württemberg.

André Schüller-Zwierlein (geb. 1972), Dr. phil., ist Leiter der Abteilung Dezentrale Bibliotheken an der Universitätsbibliothek München und Mitglied der Arbeitsgruppe Informationskompetenz im Bibliotheksverbund Bayern.

Bibliografische Information Der Deutschen Nationalbibliothek
Die Deutsche Nationalbibliothek verzeichnet diese Publikation in der Deutschen Nationalbibliografie; detaillierte bibliografische Daten sind im Internet über < http://dnb.d-nb.de > abrufbar.

Gedruckt auf säure- und chlorfreiem, alterungsbeständigem Papier

ISBN: 978-3-476-02266-0

© 2010 J.B. Metzler'sche Verlagsbuchhandlung
und Carl Ernst Poeschel Verlag GmbH in Stuttgart

www.metzlerverlag.de
info@metzlerverlag.de

Einbandgestaltung: Willy Löffelhardt
Gestaltung Innenlayout: Ingrid Gnoth | GD90
Satz: pws Print und Werbeservice Stuttgart GmbH
Druck und Bindung: C.H. Beck, Nördlingen
Printed in Germany
April 2010

Verlag J.B. Metzler Stuttgart · Weimar

Inhaltsverzeichnis

Einleitung

Worum geht es in diesem Buch? Beginnen wir mit einem Zitat des großen englischen Gelehrten Samuel Johnson (1709–1784), der im Alleingang eines der berühmtesten Wörterbücher der Welt erstellt hat:

> **»Knowledge is of two kinds. We know a subject ourselves, or we know where we can find information upon it.«**

Samuel Johnson, 1775 (aus: Boswell 1952, 627)

Die Vermittlung von **Fachwissen** kann also nur ein Teil der Ausbildung in Schule und Hochschule sein. Genauso wichtig ist es zu wissen, wo man Information finden kann. Solches **Findwissen** wird jedoch, wie verschiedene Studien in den letzten Jahren betont haben (vgl. z. B. DFG 2006; BMBF 2001; Wissenschaftsrat 2001), bislang nur unzureichend vermittelt. Wie viele Menschen, die ein Hochschulstudium beginnen, haben vielleicht auch Sie festgestellt, dass Sie wenig darauf vorbereitet sind, von Anfang an eigenständig nach Literatur zu recherchieren. Und dies ist nicht alles: Oft bleiben diese Probleme bestehen – oder verstärken sich, je weiter man in Studium und Beruf kommt. Sehen wir uns einige alltägliche Fälle aus der Hochschulpraxis an:

Fachwissen oder Findwissen?

- Ein Studierender des 1. Semesters sucht Überblicksliteratur zu Kafka. Weiß er, dass es wenig sinnvoll ist, nach dem Wort ›Überblicksliteratur‹ zu suchen, da der Begriff ›Überblicksliteratur‹ völlig verschiedene Arten von Publikationen umfasst?
- Eine Studierende im 8. Semester, die jetzt ihre Examensarbeit schreiben will, hat bislang nur im Bibliothekskatalog recherchiert. Erst jetzt bemerkt sie, dass ihr dadurch wesentliche Literatur für ihre Arbeit entgeht.
- Eine studentische Hilfskraft soll für ihre Professorin die Konkordanz zu Flauberts Roman *L'éducation sentimentale* bestellen. Sie weiß weder, was eine Konkordanz ist, noch wo sie den Begriff nachschlagen kann, noch wo sie nach der Konkordanz recherchieren und sie bestellen kann.
- Ein Studienberater der Universität kommt zum Fachreferenten der Hochschulbibliothek und möchte sich über »die Online-Bibliothek« informieren. Ist ihm klar, wodurch sich die Angebote der Hochschulbibliothek von anderen Internetangeboten unterscheiden und dass es sich um völlig unterschiedliche Medien mit unterschiedlichen Zwecken und Zugängen handelt?

Für die Literatur- und Informationsrecherche werden also Kenntnisse verschiedenster Art benötigt. Das vorliegende Buch soll einen Beitrag dazu leisten, dass Studierende von Beginn ihres Studiums an die Informationsmöglichkeiten und Recherchetechniken kennenlernen, die für den Erfolg in Studium und Beruf unverzichtbar sind.

›Literaturrecherche‹ – dieses an der Hochschule gängige Wort kommt in anderen Lebensbereichen nicht vor und ist daher vielen, die ein Studium beginnen, nicht bekannt. Worum geht es hierbei also?

Zum Begriff

> Das Wort → Recherche kommt aus dem Französischen (*rechercher: suchen nach*) und bezeichnet die professionelle Suche nach Information.

Studium und Wissenschaft bestehen – im Gegensatz zur Schule – zu beträchtlichen Teilen aus **eigenständiger Recherche**: Denn hier geht es darum, die eigenen Aussagen zu belegen – dies tut man zumeist durch Verweise auf Aussagen anderer Wissenschaftler/innen. Um solche Verweise erstellen zu können, muss die maßgebliche Literatur zum Thema erstens gefunden werden und zweitens so zitiert werden, dass die Leser/innen des eigenen Schriftstücks das zitierte Schriftstück ebenfalls finden und dessen Argumente anhand der zitierten Literatur nachvollziehen können.

Die **Literatur- bzw. Informationsrecherche** ist Teil des gesamten **Informationsverhaltens** eines Menschen, das z. B. auch die Speicherung, Verwaltung, Weiterverarbeitung und Kommunikation von Information beinhaltet (vgl. Wilson 1999). Für all diese Bereiche gibt es Tools und Techniken, die den Umgang mit Information effizienter und effektiver machen. Hier wollen wir uns auf die Literaturrecherche konzentrieren.

Grundsätzlich sollten Sie sich bei der Recherche über eine Tatsache im Klaren sein: Bei jeder Informationssuche gibt es einen ›toten Winkel‹.

Der tote Winkel der Information
(Quelle: Wikimedia Commons)

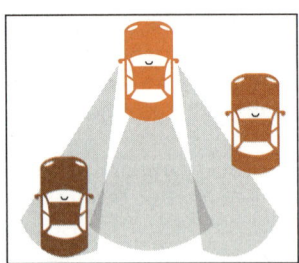

Gemeint ist: Je nach Suchansatz gibt es immer eine mehr oder weniger große Menge an relevanten Ergebnissen, die Sie *nicht* gefunden haben. Kein einzelner Suchansatz kann bei der komplexen Struktur wissenschaftlicher Information und der Vielzahl der Recherchemedien ausreichend sein. Ganz im Gegenteil: **Recherchieren ist ein adaptives Ver-**

halten, d.h. man passt sich in wiederholten, variierten Versuchen den Gegebenheiten der verfügbaren Recherchemedien und Informationen an.

Leider gibt es kein Warnsystem für den toten Winkel der Information – kein Recherchemedium weist Sie auf das hin, was Sie nicht gefunden haben. Durch nicht gefundene Information leidet jedoch die Qualität der wissenschaftlichen Arbeit, vor allem aber geht jede Menge Zeit verloren – Zeit, die Sie im Studium nicht haben! Deshalb gilt es von Beginn an die eigenen Recherchefähigkeiten zu optimieren, Suchwege in geeigneter Weise zu variieren und Recherchestrategien an die spezifischen Vor- und Nachteile der verwendeten Recherchemedien anzupassen. Die folgenden Kapitel können Ihnen grundlegende Kenntnisse und Techniken für diese Prozesse vermitteln und damit Ihre **Informationskompetenz – eine Schlüsselkompetenz für Ihr Studium** genauso wie für Ihren Beruf – stärken.

> → **Informationskompetenz** ist die Fähigkeit zu erkennen, wann Informationen benötigt werden, und diese dann zu finden, zu bewerten und effektiv zu nutzen.

Zum Begriff

1. Informationsbedarf feststellen – Recherche vorbereiten

1.1 Arten der Literaturrecherche
1.2 Auswahl der Informationsmittel

Nicht immer entspricht Ihr spontanes, subjektives **Informationsbedürfnis** auch Ihrem tatsächlichen **Informationsbedarf** – also der Menge an Informationen, die wirklich für die Erledigung Ihrer Aufgabe erforderlich ist. Eine Recherche ist also nicht nur adaptiv im Sinne der schrittweisen Anpassung der Suchtechniken und -wege an die Gegebenheiten – vielmehr passen sich auch Ihre Erwartungen und Ziele im Laufe der Recherche dem an, was tatsächlich notwendig und/oder verfügbar ist.

Schrittweise Anpassung der Suchstrategie

Zu Beginn eines Suchvorgangs ist Ihre Vorstellung von dem, was Sie suchen, oft vage (auch wenn Sie dies vielleicht nicht so empfinden). Versuchen Sie also, die in den folgenden Kapiteln vorgestellten Rechercheschritte von Anfang an für Ihre konkrete Fragestellung nachzuvollziehen, um sich der einzelnen Aspekte und Probleme Ihrer Recherche zu einem möglichst frühen Zeitpunkt bewusst zu werden.

1.1 | Arten der Literaturrecherche

Zwei Arten der Literaturrecherche kommen im Studium besonders häufig vor:
- die **Suche auf der Basis einer Literaturliste** und
- die **thematische Suche**.

Wissen Sie schon, welche Bücher, Aufsätze etc. Sie benötigen, müssen Sie sich ›nur‹ noch um die **Literaturbeschaffung** kümmern. Müssen Sie erst noch herausfinden, was an Literatur zu einem Thema überhaupt vorhanden ist, ist die **Literaturrecherche** Ihr erster Schritt, bevor es an die Literaturbeschaffung geht.

1.1.1 | Literaturliste

Die Beschaffung von Literatur nach einer vorgegebenen Liste ist sicherlich einer der einfacheren Fälle, die Ihnen im Recherchealltag begegnen können: Sie geben geeignete Begriffe in den lokalen Bibliothekskatalog ein und informieren sich, wie und wo Sie die gefundene Literatur beschaffen können. Dennoch sollten Sie hier einige Grundregeln beachten:

Grundregeln bei der Literaturbeschaffung

- **Liste ganz durcharbeiten:** Arbeiten Sie die Liste zunächst einmal ganz durch, ohne auf Titel zu achten, die Ihnen spontan besonders wichtig erscheinen. Es wird Ihnen in späteren Arbeitsphasen nützlich sein.
- **Beschaffungsdetails notieren:** Vermerken Sie bei jedem Titel kurz, in welchem Katalog (s. Kap. 1.2.1) Sie ihn gefunden haben, ob er ausleihbar ist, ob und wann Sie ihn bestellt oder vorgemerkt haben, ob er per Fernleihe bestellt werden muss sowie alle anderen Details zu seiner Beschaffung.

Erst wenn Sie die Liste mit allen Details durchgearbeitet haben, ist es Ihnen möglich, realistisch abzuschätzen, welche Bücher, Aufsätze etc. für Ihren spezifischen Zweck (etwa eine Hausarbeit mit Abgabetermin) rechtzeitig beschafft werden können und ob Sie gegebenenfalls einige Titel weglassen müssen oder können. Diese Art der Aufwandsabschätzung gehört auch bei anderen Recherchearten dazu: Eine Recherche muss immer auch zeitlich auf den jeweiligen spezifischen Zweck abgestimmt sein.

Tipp

> → Wenn Sie Ihre Literaturliste nicht vollständig abarbeiten können, also Titel nicht oder nicht rechtzeitig beschafft werden können, melden Sie dies bitte Ihrer zuständigen Bibliothek (mit genauer Titel- und Seminarangabe)! Bibliotheken sind stets bestrebt, die Literaturversorgung für das Studium zu optimieren und werden das Buch gern und schnell nachbeschaffen bzw. weitere Exemplare bestellen. Die meisten Bibliotheken bieten Ihnen elektronische Formulare für Anschaffungsvorschläge an. Auch wenn ein wichtiges elektronisches Medium an Ihrer Bibliothek nicht vorhanden ist (eine Marktübersicht finden Sie beispielsweise unter http://www.digento.de/), geben Sie Ihrer Bibliothek Bescheid! Sie kann Ihrem Wunsch nicht immer sofort nachkommen, ist aber sicherlich für jede Anregung dankbar.

1.1.2 | Thematische Suche

Bei einer thematischen Recherche sollten Sie für Anpassungsprozesse der eigenen Fragestellung besonders offen sein. Zu Beginn einer thematischen Recherche stehen Sie zunächst vor vielen großen Fragen:

- Wie finde ich Literatur zu meinem Thema?
- Wo ist Information zu meinem Thema publiziert?
- Wie viel Literatur gibt es zu meinem Thema?
- Mit welchen Techniken und welchen Begriffen kann ich am besten recherchieren?
- Welche Literatur wähle ich aus?

Anfangsfragen

Sie streben bei der wissenschaftlichen Arbeit tendenziell Vollständigkeit an – mindestens jedoch einen Überblick, der nichts Wichtiges übersieht. Daher sollten Sie zu Beginn möglichst umfassend recherchieren. Doch nicht alles ist von Anfang an auffindbar: Oft führen Sie erst diejenigen Publikationen, die Sie zur Lektüre auswählen, durch Zitierung zu Publikationen, die Sie ansonsten nicht gefunden hätten. **Systematische bibliografische Suche** und das ›**Schneeballsystem**‹ (s. Kasten) sollten also Hand in Hand gehen. Ebenso Hand in Hand gehen sollten die Lektüre allgemeiner, systematischer Werke zu Ihrem Themenkomplex und die spezifischer, detaillierter Werke zu Ihrer engeren Fragestellung.

> → **Schneeballsystem:** Sie lesen ein Buch, sehen sich an, welche Literatur dort zitiert ist, lesen diese, nehmen die dort zitierte Literatur – und so weiter.

Zum Begriff

1.2 | Auswahl der Informationsmittel

Recherchieren kann man nach verschiedenen Informationsarten:
- Bibliografische Information
- Biografische Information
- Sachinformation
- Sprachinformation
- Volltexte u.a.m.

Für jede dieser Informationsarten gibt es – in gedruckter wie in elektronischer Form – spezifische Recherchemedien, z. B. Lexika für die Sachinformation oder Wörterbücher für die Sprachinformation. Wir wollen uns hier vorrangig der Recherche nach bibliografischer Information – also der Literaturrecherche – widmen, da diese im Studienzusammenhang am häufigsten auftritt.

> → **Bibliografische Informationen** sind formale Angaben über eine Publikation wie Titel, Autor, Verlag, Erscheinungsjahr etc. Diese Angaben bilden die wesentlichen Elemente jeder Literaturangabe.

Zum Begriff

Bibliografische Information hat zunächst einmal – unabhängig von den jeweiligen Zitierregeln (s. hierzu Kap. 5.2) – eine ganz eigene Struktur. Diese ist notwendig, um die verschiedenen **Publikationsformen** unterscheiden zu können und die einzelnen Publikationen so genau zu beschreiben, dass sie jederzeit eindeutig identifiziert und wiedergefunden werden können.

Publikations-
formen

Zu den wichtigsten Publikationsformen zählen:

- **Monografien** – also von einem Autor publizierte Bücher,
- **Sammelbände** – enthalten Aufsätze und können z. B. die Beiträge eines **Kongresses** abdrucken; manchmal handelt es sich auch um eine **Festschrift**, die einem Jubilar gewidmet ist,
- **Zeitschriften und Zeitungen** – heißen auch **Periodika**, da sie in festgelegten periodischen Rhythmen erscheinen, z. B. wöchentlich,
- **Aufsätze bzw. Artikel** – können in Zeitschriften oder Büchern publiziert sein; der Ausdruck ›Artikel‹ wird zusätzlich auch für Einträge in **Lexika** verwendet,
- **Rezensionen** – also schriftliche öffentliche Bewertungen eines publizierten Buches.

Zusammenfassend bezeichnet man Bücher und Zeitschriften als selbstständige Publikationen, Aufsätze und Beiträge in Sammelwerken als unselbstständige Publikationen.

Zum Begriff

> → **Unselbstständige Werke** sind Publikationen, die nicht als eigenständiges Buch, sondern als Beitrag z. B. in einem Sammelband oder einer Zeitschrift erschienen sind. Im Gegensatz zu → **selbstständigen Werken** sind sie nicht vollständig in Bibliothekskatalogen verzeichnet, werden jedoch schwerpunktmäßig in bibliografischen Datenbanken nachgewiesen.

Wie werden nun diese einzelnen Publikationsformen bibliografisch dargestellt? Die folgenden Beispiele sind in der Ursprungsform verschiedenen Katalogen und Bibliografien entnommen – so könnten sie Ihnen in der Praxis begegnen:

Monografie

Greber, Erika: Textile Texte : *poetologische Metaphorik und Literaturtheorie ;*
Studien zur Tradition des Wortflechtens und der Kombinatorik. Köln [u. a.]:
Böhlau 2002. XIII, 771 S. [Zugl.: Konstanz, Univ., Habil.-Schr., 1994]

Hier werden Verlag und Ort angegeben, es gibt nur einen Autor
(keinen Herausgeber), und mit ›771 S.‹ wird der Gesamtumfang beschrieben – es handelt sich also um ein selbstständig erschienenes
Werk, in diesem Falle eine Monografie.

Aufsatz in einem Sammelband

Strohschneider, Peter: Kultur und Text: drei Kapitel zur »Continuatio des aben-
theuerlichen Simplicissimi« mit systematischen Zwischenstücken. In: *Kultur-*
wissenschaftliche Frühneuzeitforschung. Beiträge zur Identität der Germanistik.
Hrsg. von Kathrin Stegbauer ... Berlin: Schmidt, 2004, S. 91–130.

Hier ist das unselbstständige Werk an der Angabe der Seitenzahlen
(S. 91–130) zu erkennen; es finden sich zudem die Angabe ›In:‹ und
ein Herausgeber sowie ein Verlag – aus diesen Angaben geht hervor, dass es sich um einen Aufsatz in einem Sammelband handelt.

Zeitschriftenaufsatz

›We All Expect a Gentle Answer, Jew‹: The Merchant of Venice and the Psycho-
theology of Conversion. Hirschfeld, Heather. ELH, 73:1 (2006 Spring), pp. 61–81.

Form und Elemente einer bibliografischen Angabe können je nach
Zitierstil differieren. Dennoch sind Zeitschriftenaufsätze immer
deutlich zu erkennen. Gehen wir Schritt für Schritt vor: Im oben
genannten Beispiel werden Seitenzahlen (›pp.‹ = ›pages‹) angegeben, es muss sich also um ein unselbstständig erschienenes Werk,
wie einen Aufsatz oder ein Kapitel, handeln. Verlag und Verlagsort
sind nicht angegeben (bei Büchern ist dies der Fall). Hinter der
Titel- und Autorangabe findet sich ein Kürzel, ELH – dies deutet auf
eine Zeitschrift hin, da meist nur Zeitschriften (oder sehr bekannte Lexika) abgekürzt werden. Wo man nachsehen kann, welche
Titel sich hinter solchen Kürzeln verbergen, wird uns weiter unten
beschäftigen (s. Kap. 1.2.2); in diesem Fall geht es um die Zeitschrift
English Literary History.

Doch woran erkennen Sie, dass es sich um einen Zeitschriftenartikel handelt? Klares Kennzeichen eines Periodikums sind die nach dem Titel folgenden Zahlen: Zeitschriften erscheinen in mehreren Nummern oder Heften pro Jahr bzw. Jahrgang; es ist also zunächst der Jahrgang der Zeitschrift zu identifizieren, in der der Aufsatz erschienen ist (73), dann die Nummer des betreffenden Heftes (1). In den Klammern sollte dann noch das Erscheinungsjahr des Bandes (2006) genannt werden, gegebenenfalls ergänzt durch eine weitere Angabe zum Erscheinungszeitpunkt des Heftes (Spring) – und erst dann durch die Seitenzahlen. Die Seitenzahlen allein würden nicht ausreichen, da bei manchen Zeitschriften pro Heft die Seitenzählung wieder neu beginnt und daher pro Jahresband z. B. die Seitenzahl ›15‹ mehrmals vorkommt. So ist es also möglich, ganz genau zu belegen, wo sich ein Aufsatz befindet, und damit Ihre Argumentation aktiv nachvollziehbar zu machen.

Warum sind alle diese Angaben notwendig? Stellen Sie sich vor, Ihr Professor möchte eine Ihrer Aussagen anhand eines Zitats aus einem Zeitschriftenaufsatz überprüfen. Nachdem er Ihre Aussage gelesen hat, geht er in die Bibliothek und will Ihr Zitat finden. Zuerst geben Sie ihm Autor und Titel des Aufsatzes und den Titel der Zeitschrift. Ausgehend vom Zeitschriftentitel steht Ihr Professor vor einer großen Wand von Jahresbänden – hier ist Ihr Zitat auch bei langer Suche kaum zu finden! Sie geben ihm also als ersten Anhaltspunkt den Jahresband an. Nun hat Ihr Professor gegebenenfalls einen tausendseitigen Zeitschriftenband in der Hand und keine Ahnung, wo Ihr Zitat ist. Sie geben ihm also auch das Heft an. Nun hat der Professor immerhin nur noch ein dreihundertseitiges Zeitschriftenheft vor sich – ist aber immer noch weit davon entfernt, Ihr Zitat zu finden. Daher geben Sie ihm nun die Seitenzahl(en) an – damit kann er Ihr Zitat lokalisieren und im Zusammenhang Ihre Aussage nachvollziehen. Das Ziel der **Überprüfbarkeit** Ihrer Aussage ist erreicht!

Tipp

Stellen Sie sich also das **Zitieren** als eine Art von **Führen** vor: **Sie führen Ihre Leser/innen im physischen Sinne hin zu der von Ihnen angegebenen Stelle.** Seien Sie daher so genau wie möglich!

Welche Recherchemedien gibt es?

Recherchemedien: Neben den verschiedenen Publikationsformen bzw. -medien gibt es natürlich auch verschiedene Recherchemedien. In welchen Medien haben Sie bislang nach Literatur recherchiert? Wahrscheinlich haben Sie im Internet, im lokalen Bibliothekskatalog oder vor Ort in den Regalen der lokalen Bibliothek (oder in allen dreien) gesucht.

Sicherlich haben Sie dabei auch Literatur gefunden. Aber Sie werden im Folgenden feststellen, welch riesigen toten Winkel Sie bei dieser Suchart gehabt haben und wie lückenhaft dementsprechend Ihre Suchergebnisse waren.

Nachschlagewerke, z. B. bio-bibliografische Lexika, Sachlexika oder Werklexika wie *Kindlers Literatur Lexikon* (2009), sowie **einführende Handbücher** bieten Ihnen meist zu einem Forschungsgebiet, einem Autor oder einem Werk eine Reihe von grundlegenden Literaturangaben. Hier können Sie eine Recherche nach dem ›Schneeballprinzip‹ beginnen (s. Kap. 1.1.2), die Ihnen meist zu ersten brauchbaren Resultaten verhilft.

Bibliografien und Kataloge sind jedoch die Hauptquellen für die methodische Recherche bibliografischer Information. Die Begriffe ›**Bibliografie**‹ und ›**Katalog**‹ werden Sie sicherlich schon einmal gehört haben. Beide Medien haben einiges gemeinsam, z. B. handelt es sich bei beiden um Listen von Angaben zu Büchern und anderen Publikationen. Doch wo liegen die Unterschiede?

→ **Kataloge** verzeichnen normalerweise nur **selbstständige Publikationen**: Bücher, Zeitungen, Zeitschriften. Suchen Sie also nie nach einem Aufsatz in einem Katalog! Kataloge sind zudem immer **standortgebunden** – sie beschreiben immer das, was an einem oder mehreren Standorten vorhanden ist. Sie beantworten also primär die Frage: »Wo bekomme ich etwas her?« und dienen damit der Literaturbeschaffung.

→ **Bibliografien** – von denen es sehr viele verschiedene Arten gibt – verzeichnen manchmal nur selbstständige, manchmal nur **unselbstständige Publikationen** (also solche, die als Teil einer anderen Publikation erschienen sind) und manchmal beides. Bibliografien sind zudem grundsätzlich **standortungebunden**: Sie beantworten also primär die Frage: »Was gibt es überhaupt an Literatur zu meinem Thema?« und dienen damit der Literaturrecherche im engeren Sinne.

Zum Begriff

Aus dem zweiten Unterschied ergibt sich auch eine ideale Reihenfolge: Zunächst ist zu klären, was an Literatur zu einem Thema existiert (Bibliografie); dann muss geklärt werden, woher jedes einzelne Stück zu beschaffen ist (Katalog).

Die folgende Grafik soll die beiden wichtigsten Recherchewege noch einmal verdeutlichen (in der Praxis werden sich beide allerdings mischen):

Recherchieren
mit Bibliografie
und Katalog

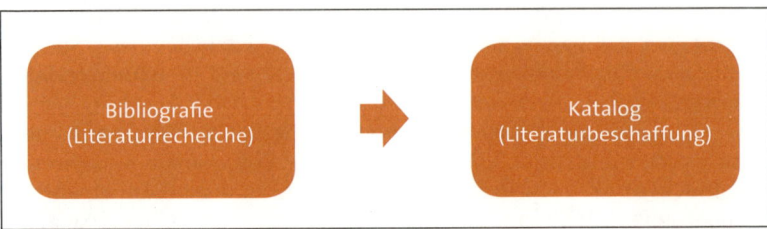

Recherchieren
mit dem Schnee-
ballsystem

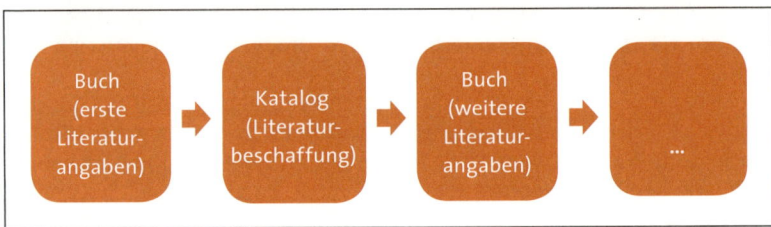

Sie erkennen bereits, wie lückenhaft Ihre Recherchen gewesen sind, wenn Sie sich rein auf den lokalen Katalog Ihrer Bibliothek beschränkt haben. Dort finden Sie lediglich Literatur, die am Ort vorhanden ist – die Welt der wissenschaftlichen Literatur ist jedoch um ein Vielfaches größer!

1.2.1 | Bibliothekskataloge

Bibliothekskataloge, früher in Form von Zettelkästen oder Papierbänden verfügbar, werden heute meist in Form elektronischer Datenbanken angeboten (zum Erscheinungsbild der Suchmasken und zu den entsprechenden Recherchetechniken s. Kap. 2). Sie existieren auf vier verschiedenen, miteinander verbundenen Ebenen: lokal, regional, national, international.

Der lokale Katalog verzeichnet die Bestände einer oder mehrerer Bibliotheken einer Institution (etwa einer Universität). Er wird oft auch OPAC (Online Public Access Catalogue) genannt. Er dient dazu, das gewünschte Buch innerhalb der Menge der erfassten Standorte zu lokalisieren. Hierzu trägt das Buch eine entsprechende Standortbezeichnung und eine individualisierende Signatur. Wenn es sich bei dem gewünschten Standort um eine Ausleihbibliothek (s. Kap. 3.1) handelt, kann das Buch meist sofort über den Katalog bestellt (oder, falls es ausgeliehen ist, für eine Ausleihe vorgemerkt) werden.

Der regionale Katalog vereint die Einzel-Kataloge einer Region in einer Datenbank oder macht sie gemeinsam durchsuchbar. Regionale Kataloge heißen auch Verbundkataloge. In Deutschland sind insgesamt sechs Verbundkataloge verfügbar, die gemeinsam alle Regionen Deutschlands abdecken:

- der **Südwestdeutsche Bibliotheksverbund** (SWB) *(http://swb.bsz-bw.de/)*,
- der **Bibliotheksverbund Bayern** (BVB) *(http://opac.bib-bvb.de/)*,
- das **Hochschulbibliothekszentrum des Landes Nordrhein-Westfalen** (HBZ) *(http://okeanos-www.hbz-nrw.de/F)*,
- das **Hessische BibliotheksInformationsSystem** (HEBIS) *(http://www.hebis.de/)*,
- der **Kooperative Bibliotheksverbund Berlin-Brandenburg** (KOBV) *(http://search.kobv.de/)* und
- der **Gemeinsame Bibliotheksverbund** (GBV) *(http://gso.gbv.de/)* für das restliche Deutschland.

Sechs Verbundkataloge

Über die Oberfläche des regionalen Katalogs wird manchmal auch gleich die regionale und überregionale Fernleihe angestoßen – damit können Bücher und Aufsätze aus anderen Bibliotheken bestellt werden (s. Kap. 3.2).

Als nationaler Katalog dient in Deutschland der sogenannte **Karlsruher Virtuelle Katalog** (KVK; http://kvk.uni-karlsruhe.de/). Über ihn können alle sechs Verbundkataloge gleichzeitig durchsucht werden. Virtuell heißt er deshalb, weil es sich um keine eigene, die Verbundkataloge vereinende Datenbank handelt, sondern um eine Metasuche, die Suchanfragen an die Verbundkataloge weiterleitet und die Ergebnisse gemeinsam anzeigt.

Karlsruher Virtueller Katalog (KVK)

Für Zeitschriftenbestände in deutschen Bibliotheken eignet sich am besten die **Zeitschriftendatenbank (ZDB)** *(http://zeitschriftendatenbank.de/)*, die auch über den KVK durchsucht werden kann.

Internationale Kataloge können am besten ebenfalls über den **KVK** durchsucht werden. Als Anlaufpunkt für internationale Recherchen – ob über den KVK oder über die jeweils eigene Website – sind am besten die **Verbundkataloge** der einzelnen Länder sowie die Kataloge ihrer **Nationalbibliotheken** geeignet.

Tipp

> → Nationalbibliotheken sammeln die gesamte Literatur eines Landes oder eines Sprachraums – ihre Kataloge können daher aufgrund ihrer Vollständigkeit auch als bibliografische Quellen dienen.

Über den KVK durchsuchbar ist auch der mit über 150 Millionen Titeln und über einer Milliarde verzeichneten Exemplaren weltgrößte Bibliothekskatalog **WorldCat** *(http://www.worldcat.org/)*. WorldCat bietet zudem zusätzliche Services wie die Suche über das Mobiltelefon oder den Export von bibliografischen Daten in verschiedenen Zitierformaten.

1.2.2 | Bibliografische Datenbanken

Bibliografische Datenbanken sind neben Bibliothekskatalogen die wichtigsten Rechercheinstrumente für Ihr Studium!

Bis vor einigen Jahrzehnten gab es ausschließlich gedruckte Bibliografien, die entweder einmalig als abgeschlossene Übersicht über den Forschungsstand zu einem bestimmten Thema oder in periodischen Abständen, meist jährlich, erschienen. In einigen Fächern spielen die gedruckten periodischen Fachbibliografien, die systematisch gegliedert und mit Registern sowie Verzeichnissen der verwendeten Zeitschriftenkürzel erschlossen sind, immer noch eine bedeutende Rolle. Ebenso ist es bei größeren Arbeiten immer sinnvoll zu prüfen, ob es nicht eine abgeschlossene Spezialbibliografie zum gewählten Themenkreis gibt (gedruckte Spezialbibliografien findet man z. B. über Bibliothekskataloge).

Tipp

> → Sollten Sie in Bibliografien auf abgekürzte Zeitschriftentitel stoßen und kein Kürzelverzeichnis in der Bibliografie selbst finden, nutzen Sie einfach Otto Leistners Werk *Internationale Titelabkürzungen* (die meisten Bibliotheken bieten es auf CD-ROM im Netz an).

Viele wichtige Bibliografien sind jedoch mittlerweile als **elektronische Datenbank** verfügbar – was die Recherchemöglichkeiten wesentlich erweitert und wissenschaftliches Arbeiten deutlich erleichtert hat. Zudem können bibliografische Datenbanken neben der genauen Literaturangabe auch direkt zu Volltexten etwa von Zeitschriftenartikeln führen (s. Kap. 3.4).

Die meisten Services im Internet basieren auf Datenbanken. Doch: **Was ist eigentlich eine Datenbank?**

Eine → Datenbank ist ein elektronisches Medium zum strukturierten Ablegen und Wiederfinden von Information. Die enthaltene Information wird in Kategorien zerlegt (strukturiert) abgelegt; aus den einzelnen Einträgen in diese Kategorien werden Listen gebildet, die sogenannten ›Indices‹. Wenn Sie nun ein Wort in eine entsprechende Suchmaske eingeben, dann suchen Sie in diesen Listen! Mehr über die Auswahl der Suchkategorien und -begriffe sowie zu Recherchestrategien finden Sie in Kapitel 2.

Zum Begriff

Wissenschaftliche Datenbanken werden üblicherweise über die Homepage Ihrer Hochschulbibliothek angeboten. Dies hat nicht nur den Grund, dass Bibliotheken sich als **Führer durch die Informationsvielfalt** verstehen: Da es sich bei wissenschaftlichen Datenbanken oft um hochqualitative kommerzielle Produkte handelt, stehen viele Datenbanken nicht der breiten Öffentlichkeit frei im Internet zur Verfügung, sondern werden von Ihrer Hochschulbibliothek für einen definierten Nutzerkreis (meistens alle Studierenden und Lehrenden Ihrer Hochschule) und einen bestimmten Zeitraum abonniert (Fachausdruck: ›lizenziert‹). Sie können zumeist nicht nur in der Bibliothek, sondern über das Internet auch von zuhause aus benutzt werden – hierzu bedarf es jedoch jeweils einer persönlichen Identifizierung (z. B. durch eine Nutzerkennung) sowie gegebenenfalls einiger technischer Einstellungen, die Ihnen in der Hilferubrik der Bibliothekshomepage erläutert werden.

Doch wie finde ich die richtige Datenbank? Die meisten großen deutschen Bibliotheken bieten ihre Datenbanken über das gemeinsame Datenbank-Infosystem (DBIS) an, das sie bei der Auswahl des richtigen Recherchemediums unterstützt.

1.2.3 | Datenbank-Infosystem (DBIS)

Das **Datenbank-Infosystem (DBIS)** ist ein Zugangsportal für Datenbanken, das von über 180 Bibliotheken in ganz Deutschland genutzt wird. DBIS, das Sie über die Homepage Ihrer Bibliothek erreichen, bietet

Ihnen einen systematischen Überblick über die von Ihrer Bibliothek lizenzierten Datenbanken (gelbes Symbol hinter dem Eintrag) sowie über ausgewählte, frei verfügbare Datenbanken (grünes Symbol). Jede Datenbank ist im DBIS mit einem ›Steckbrief‹ verzeichnet, der u. a. eine Inhaltsbeschreibung, einen Link zum Recherchestart sowie weitere wichtige Informationen zur Recherche enthält. DBIS kann nach Stichwörtern (z. B. Titel der Datenbank, Wort im Beschreibungstext) durchsucht werden, daneben werden ein systematisches Datenbankverzeichnis nach Fächern sowie eine alphabetische Liste aller Datenbanken angeboten. In der Fachansicht kann Ihre lokale Bibliothek Sie unter der Rubrik ›TOP-Datenbanken‹ auf die wichtigsten Datenbanken Ihres Faches hinweisen.

Datenbankliste
nach Fächern
im DBIS

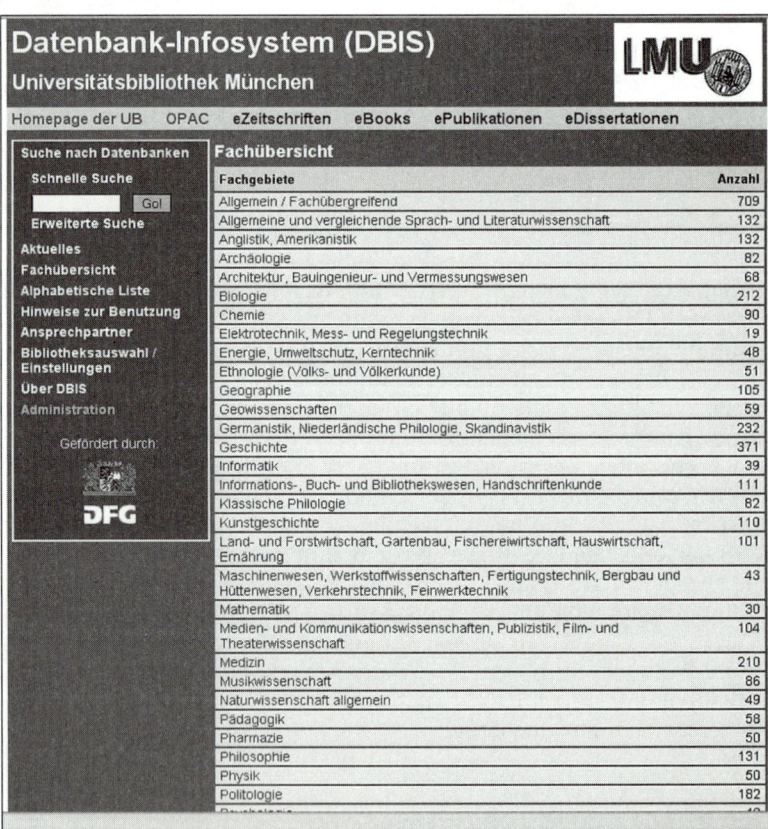

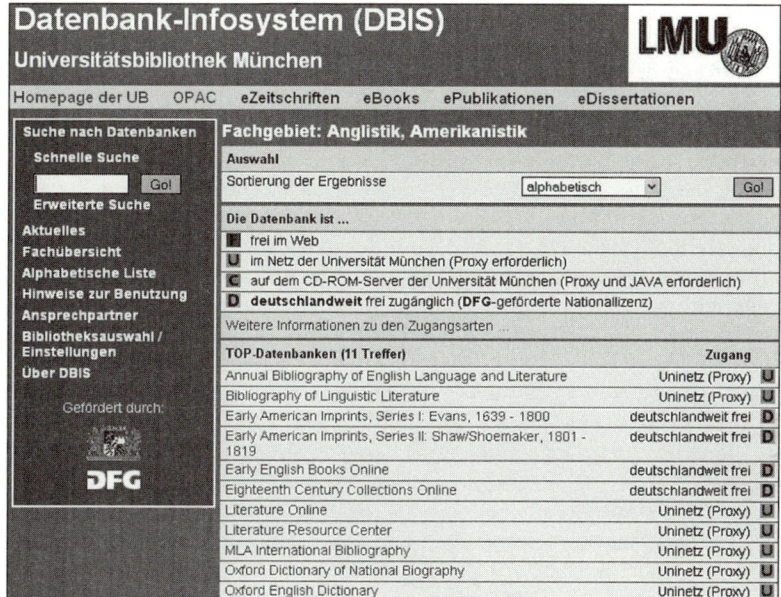

Die Auswahl des geeigneten Recherchemediums ist jedoch nicht trivial. So sollten Sie zunächst prüfen, ob Ihre Frage auch andere Fachkulturen berührt – eine linguistische Fragestellung kann z. B. auch philosophische, psychologische, pädagogische und medizinische Themen involvieren. Dementsprechend sollten Sie überlegen, ob Ihnen neben einer linguistischen Datenbank auch eine fachübergreifende Bibliografie weiterhilft und/oder ob es sich auch lohnt, spezielle Datenbanken für die angrenzenden Fächer zu nutzen.

Bevor Sie in einer Bibliografie recherchieren, sollten Sie sich zudem über die folgenden Parameter informieren (im DBIS-Text oder in der Hilfedatei der Datenbank selbst):

■ **Erfassungszeitraum:** Ab welchem Datum sind Publikationen verzeichnet? Sind alle Publikationsarten seit diesem Datum verzeichnet? Wird die Datenbank laufend aktualisiert oder nur z. B. einmal im Jahr?

■ **Regionale/sprachliche Abdeckung:** Aus welchen Ländern und in welchen Sprachen werden Publikationen verzeichnet?

■ **Publikationsarten:** Welche Publikationsarten werden verzeichnet: Aufsätze (nur aus (wissenschaftlichen?) Zeitschriften oder auch aus Sammelbänden?), Monografien, Sammelbände, Dissertationen etc.?

■ **Mögliche Suchwege/verzeichnete Informationsarten:** Welche Suchwege sind möglich, nach welchen Informationsarten kann überhaupt gesucht werden (s. Kap. 2.1)? Sind diese für Ihre Suche überhaupt geeignet?

- Wirtschaftlicher/redaktioneller Kontext: Wer publiziert diese Bibliografie? Welche redaktionellen Mechanismen und personellen Ressourcen liegen zugrunde?

Gerade letzterer Aspekt sollte nicht unterschätzt werden. Eine **kritische Prüfung der verwendeten Recherchemedien** trägt zur Präzision der Suche bei, eine unkritische Verwendung kann zu ernsthaften Recherchelücken führen. Die vorkommenden Phänomene reichen von simplen praktischen Tatsachen (z.B. dass eine von einer Zeitschriftenagentur produzierte bibliografische Datenbank nur Aufsätze aus Zeitschriften verzeichnet, nicht solche aus Sammelbänden) bis hin (gerade im historischen Bereich) zu ideologischen Einflüssen.

Zur Vertiefung

Die politische Beeinflussung der bibliografischen Verzeichnung
Die Deutsche Nationalbibliografie verzeichnet seit den ersten Jahrzehnten des 20. Jahrhunderts das in Deutschland erscheinende Schrifttum. Während der nationalsozialistischen Zeit wurde hier massiv Einfluss genommen, wie das Vorwort aus dem 1949 erschienenen *Verzeichnis der Schriften, die 1933–1945 nicht angezeigt werden durften* belegt:

Deutsche Bücherei
1949, [i]-[ii]

»**Die Deutsche Bücherei hat nach ihrer Satzung die Aufgabe, das neuerschienene Schrifttum des Inlands sowie die deutschsprachigen Schriften des Auslands vollständig zu sammeln und in der ›Deutschen Nationalbibliografie‹ zu verzeichnen. Der Grad der erreichten Vollständigkeit gibt der Bibliografie ihren Wert. Deshalb ist von der Deutschen Bücherei zu allen Zeiten und mit allen Mitteln Vollständigkeit angestrebt worden. […] Diese Verhältnisse änderten sich, als mit dem Jahre 1933 der Nationalsozialismus zur Macht kam. Dieser übte von Anfang an eine starke Einflussnahme auf die Haltung des deutschen Schrifttums aus und ließ durch drei verschiedene Dienststellen: eine des Reichspropagandaministeriums, eine zweite des Reichssicherheitshauptamtes und eine dritte der Parteiamtlichen Prüfungskommission zum Schutze des NS-Schrifttums, alle Neuerscheinungen überwachen und, soweit sie der Zielsetzung des Nationalsozialismus widersprachen, ohne bibliografische Verzeichnung unter Verschluss stellen und der allgemeinen Benutzung entziehen. […] Die Maßnahmen des Nationalsozialismus richteten sich hauptsächlich gegen marxistische, jüdische und kirchliche Literatur. Die Verbote betrafen zum Teil einzelne Schriften, zum Teil das Gesamtwerk bestimmter Schriftsteller und zum Teil die Produktion ganzer Verlage. […] Diese systematische Ausschaltung bestimmter Schriften und Schriftengruppen aus der Nationalbibliografie soll nun […] beseitigt werden. Die bisher unterdrückte Literatur wird durch das ›Verzeichnis der Schriften, die 1933–1945 nicht angezeigt werden durften‹, der Allgemeinheit bekanntgegeben. Das Verzeichnis weist 5485 Titel auf.**«

Auch wenn solche Extreme sicherlich die Ausnahme sind, empfiehlt es sich immer, sich auch über den Kontext einer Bibliografie zu informieren. Sollten Sie damit nicht schnell genug vorankommen – fragen Sie den zuständigen Fachreferenten Ihrer Hochschulbibliothek (dies gilt auch z. B. für die Suche nach speziellen Schriftengattungen, etwa Gesetzen oder Patenten).

1.2.4 | Elektronische Zeitschriftenbibliothek (EZB)

Wenn Sie in einer Datenbank einen Literaturhinweis zu einem Zeitschriftenaufsatz gefunden haben, so möchten Sie ihn natürlich am liebsten sofort lesen. Dies ist möglich, wenn die entsprechende Zeitschrift von Ihrer Bibliothek in elektronischer Form zur Verfügung gestellt wird. Ob dies der Fall ist, können Sie zuverlässig in der **Elektronischen Zeitschriftenbibliothek (EZB)** prüfen. Dieses Portal ist ein kooperativer Service von über 500 Bibliotheken mit dem Ziel, ihren Nutzern einen einfachen und komfortablen Zugang zu elektronisch erscheinenden wissenschaftlichen Zeitschriften zu bieten. Aufgenommen werden alle Zeitschriften, die Artikel im Volltext anbieten (derzeit über 45.000). Die EZB, die Sie über die Homepage der jeweiligen Bibliothek erreichen, bietet Ihnen einen systematischen Überblick über die von Ihrer Bibliothek lizenzierten Zeitschriften (gelbes Symbol hinter dem Eintrag), über frei verfügbare Zeitschriften (grünes Symbol) sowie über von Ihrer Bibliothek nicht lizenzierte Zeitschriften (rotes Symbol). Die EZB kann nach Stichwörtern aus den Zeitschriftentiteln durchsucht werden, daneben sind ein systematisches Verzeichnis nach Fächern sowie eine alphabetische Liste aller Zeitschriften verfügbar. Über einen Link können Sie in der jeweils gewählten Zeitschrift browsen und die einzelnen Artikel lesen. Über ›Einstellungen‹ können Sie auch gegebenenfalls nachsehen, welche Zeitschriften in einer anderen Bibliothek am Ort angeboten werden.

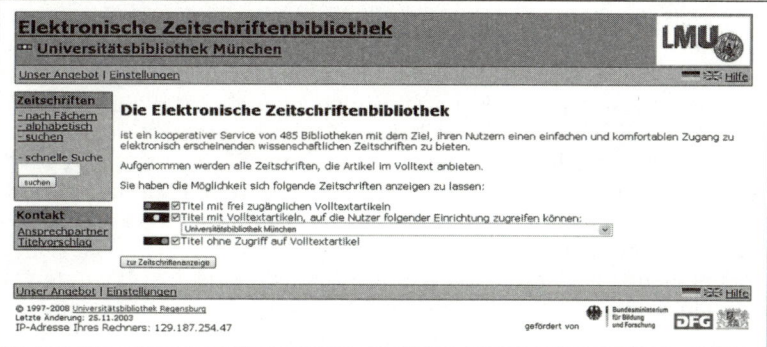

Elektronische
Zeitschriften-
bibliothek

1.2.5 | Suchmaschinen im Internet

Das Internet wächst ständig. Die Anzahl der Seiten ist nicht mehr über-schaubar: Im Juli 2008 waren über eine Billion Seiten online (Alpert/ Hajaj 2008). **Suchmaschinen** gehören daher mittlerweile für viele Men-schen zum täglichen Leben – sie helfen bei der Orientierung im Netz, vor allem bei der Suche nach aktuellen Nachrichten und Serviceinfor-mationen. Die vierthäufigste im Internet gesuchte Informationsart ist Information aus Wissenschaft, Forschung und Bildung (Van Eimeren/ Frees 2008, 338). Für das wissenschaftliche Recherchieren sind Such-maschinen jedoch nur begrenzt geeignet – aus inhaltlichen wie aus for-malen Gründen.

Was Suchmaschi-nen nicht können | **Nachteile von Suchmaschinen für die wissenschaftliche Recherche:** Ein wichtiger inhaltlicher Nachteil ist, dass bei privaten oder kommer-ziellen Internetseiten – im Gegensatz etwa zu Publikationen wissen-schaftlicher Gesellschaften oder professioneller Hersteller von Informa-tionsprodukten – **keine systematische Qualitätskontrolle** stattfindet. Der Suchende muss selbst die Qualität aller gefundenen Seiten evaluie-ren und stößt hier (auch mengenmäßig) oft an seine Grenzen. Ein an-derer inhaltlicher Nachteil ist jedoch noch viel schwerwiegender: Trotz der oben beschriebenen Größe des Internets **machen Suchmaschinen nur einen geringen Teil aller elektronisch verfügbaren Information zugänglich** – »[t]he Web is bigger than it looks« (Wright 2008, 14). Wie kann das sein? Ganz einfach: Suchmaschinen hangeln sich an den Links, den Verweisen auf feste Adressen anderer Internetseiten, ent-lang. Zahllose Seiten (und damit die enthaltenen Informationen) haben jedoch keine eigene feste Adresse, auf die verwiesen werden könnte: Sie sind in Datenbanken abgelegt und werden erst nach einer Abfrage an ein Web-Formular dynamisch zur Verfügung gestellt oder gar erst aus Einzelelementen erzeugt (hierzu zählen u. a. alle in den Kapiteln 1.2.1 bis 1.2.4 genannten Medien!). All diese Daten sind für Suchmaschinen unsichtbar – und es handelt sich hier um ein Vielfaches der sichtbaren Seiten (Bergman 2001; He u. a. 2007)!

Zu dieser technischen Hürde kommt noch, dass viele wissenschaft-liche Datenbanken (in deren Erstellung ja viel Geld und Arbeitszeit investiert wurde) nur als kommerzielle Produkte verfügbar sind und von Ihrer Bibliothek, wie oben beschrieben (s. Kap. 1.2.2), für einen begrenzten Nutzerkreis lizenziert werden müssen. Auf diese qualitativ meist sehr hochwertigen Daten können Suchmaschinen ebenfalls nicht zugreifen. Ihre Suche mit Suchmaschinen ähnelt also einem sehr ober-flächlichen Fischfang. Die genannten, in Datenbanken enthaltenen In-**Deep Web** | formationen bilden dagegen das sogenannte ›deep web‹ (vgl. Bergman 2001) – ihnen kommt man, um im Bild zu bleiben, nur mit speziellen Fangmethoden bei: Ihre jeweilige Hochschulbibliothek ist **Ihr Gateway zum ›deep web‹**, der Link aus dem freien Internet zum ›inner net‹ der lizenzierten Datenbanken und elektronischen Volltexte (zur Bedienung

s. Kap. 2 und 3). Hier können Sie im Internet (›surface web‹) gewonnene Erstinformationen vertiefen und systematisch wissenschaftlich recherchieren.

Weitere formale und technische Gründe sprechen gegen Suchmaschinen als Instrumente wissenschaftlicher Recherche: In (z. B. bibliografischen) Datenbanken sind – im Gegensatz zu Internetseiten! – die enthaltenen Informationen nach formal einheitlichen Grundsätzen erschlossen. Ein Gegenstand wird immer einheitlich mit einem bewusst gewählten Begriff bezeichnet, man hat also versucht, alle zusammengehörigen Informationen intellektuell zusammenzuführen. Im Internet dagegen herrscht völlige Freiheit bei der Bezeichnung – das heißt für Sie, dass Sie (wenn Sie nicht alle Begriffe durchprobieren) nur einen sehr kleinen Teil aller relevanten Informationen finden können. Dazu kommt, dass Suchmaschinen den gesamten Text einer Seite durchsuchen und damit neben brauchbarer Information zum Inhalt des Dokuments auch sehr viele unbrauchbare Aussagen über den Inhalt eines Dokuments produzieren. Suchmaschinen basieren auf einer **reinen Stichwortsuche** (zu deren Vor- und Nachteilen s. Kap. 2.1), gestützt durch statistische Prinzipien; wissenschaftliche Recherchemedien dagegen bieten oft neben der Stichwortsuche diverse weitere sinnvolle Erschließungsformen (z. B. Schlagwörter, s. Kap. 2.1).

Ein weiterer formaler Nachteil von Suchmaschinen ist Ihnen vielleicht noch nicht aufgefallen: Suchmaschinen durchsuchen zwar nach eigenen Angaben Milliarden von Webseiten, keine von ihnen gibt Ihnen jedoch mehr als 1000 Ergebnistreffer aus! Sie verlassen sich also bei Suchmaschinen auf ein Ihnen nicht nachvollziehbares Bewertungs-System (›Ranking‹). Sie haben hier wiederum einen riesigen toten Winkel!

Ranking

Abschließend sei noch auf ein weiteres Phänomen hingewiesen, das Suchmaschinen für die wissenschaftliche Suche nur begrenzt geeignet macht: Die Begriffe **Search Engine Marketing (SEM)** und **Search Engine Optimization (SEO)** (vgl. Bischopinck/Ceyp 2008) kennzeichnen einen ganzen Wirtschaftszweig, der sich damit beschäftigt, wie Suchmaschinen für kommerzielle Zwecke beeinflusst werden können – so wird auch Ihre Sicht der Dinge beeinflusst! In wissenschaftlichen Quellen hingegen sind keine Werbemechanismen enthalten.

Kommerzielle Interessen

Dennoch haben Suchmaschinen auch für die wissenschaftliche Recherche natürlich ihren Sinn, etwa für **schnelle, erste Faktenrecherchen** (z. B. »In welchem Jahrhundert lebte XY?«), die Recherche nach bestimmten **Sprachinformationen** (z. B. »Wie wird ein Wort üblicherweise verwendet?«) oder die **Suche nach Institutionen**. Außerdem bieten Ihnen manche Suchmaschinen zusätzliche Services an, die Ihnen in Studium, Wissenschaft und Beruf nützlich sein können. Daher seien hier einige Suchmaschinen mit ihren wichtigsten Eigenschaften vorgestellt.

Nutzen von Suchmaschinen für die wissenschaftliche Recherche

Google (http://www.google.de/) – im September 1998 von Larry Page und Sergey Brin gegründet – ist seit einigen Jahren der Marktführer im Bereich Suchmaschinen. Nicht ohne Grund: Auch wenn diese Such-

Google

maschine nicht nur positive Eigenschaften hat (so bewahrt sie z. B. derzeit Ihre mitprotokollierten Suchen, incl. Ihrer IP-Adresse, neun Monate lang auf und entspricht damit nicht den Datenschutz-Empfehlungen der EU) – die schlichte Suchoberfläche, die vergleichsweise sehr gute Präzision der Suche, die Mehrsprachigkeit, die Integrierbarkeit in den Browser und die zahlreichen Zusatzservices (z. B. die Suche in frei verfügbaren Daten aus wissenschaftlichen Quellen über **Google Scholar** oder die Durchsicht von digitalisierten Büchern über die **Google Buchsuche**) sprechen sicherlich für Google. Zudem bietet die Suchmaschine eine vergleichsweise detaillierte erweiterte Suche, die es Ihnen erlaubt, Ihre Suche nach verschiedenen Kriterien einzuschränken – eine Möglichkeit, die Sie nutzen sollten! Aber auch in der einfachen Suche ist mehr Differenzierung möglich als den meisten Nutzer/innen bekannt ist (s. Kap. 2.5).

Es gibt jedoch hunderte Suchmaschinen für verschiedenste Zwecke (einen Überblick finden Sie z. B. unter http://www.suchfibel.de/). Für alltägliche Suchen eignen sich etwa auch

Weitere Suchmaschinen

- **AllTheWeb** (http://www.alltheweb.com/) AllTheWeb ermöglicht es, die Suche auf Webseiten einzuschränken, die innerhalb eines bestimmten Zeitraums erstellt bzw. aktualisiert wurden – eine sehr nützliche Eigenschaft,
- **bing** (http://www.bing.com/) bing zeigt Ihnen bei den Suchergebnissen verwandte Suchbegriffskombinationen an, die Sie vielleicht zu einer genaueren Suche inspirieren können,
- **Ask.com** (http://de.ask.com/) Ask.com ermöglicht es Ihnen, nach Wörtern im Titel der Webseite zu suchen – was zu anderen, meist interessanten Ergebnissen führt.

Metasuchmaschinen sind eine weitere interessante Alternative. Sie vereinigen die Ergebnisse dieser und anderer großer Suchmaschinen, werten sie vergleichend aus und beschränken die Ergebnisanzeige auf wenige, von allen Suchmaschinen als besonders relevant eingeschätzte Seiten:

Meta- suchmaschinen

- **Ixquick** (http://www.ixquick.com/deu/) ist wie Google in den Browser integrierbar und bietet ebenfalls eine erweiterte Suche an. Größter Vorteil von Ixquick ist, dass der Dienst private Daten nach 48 Stunden löscht; der Dienst ist deshalb als erste Suchmaschine mit dem Europäischen Datenschutz-Gütesiegel ausgezeichnet worden.
- **Clusty** (http://clusty.com/) ist (incl. seiner Vorgängerversionen) wie Google und Ixquick schon recht lange auf dem Markt und bietet ähnliche Möglichkeiten einer erweiterten Suche. Der Vorteil dieser Suchmaschine ist, dass sie die angezeigte Ergebnisliste nach Themen untergliedert und damit eine nachträgliche Einschränkung der Suche möglich macht (›Clustering‹). Ein Nachteil liegt darin, dass die Ergebnisse von Google nicht einbezogen werden.

- **AllPlus** (http://www.allplus.com/) bietet ebenfalls Clustering und ist in den Browser integrierbar. Die Suchmaschine sticht vor allem dadurch hervor, dass sie neben Webseiten andere relevante Ergebnisformen (z. B. Videos, Bilder, Blogs) direkt mit anzeigt. Eine erweiterte Suche ist leider nicht verfügbar.

Andere Suchwege im Internet können zudem ebenfalls sinnvoll sein, z. B. über maschinell oder intellektuell erstellte **Verzeichnisse von Websites (›Directories‹)**: Es handelt sich hierbei um Sammlungen von Webadressen, die nach Themen sortiert sind. Für diese strukturierte Präsentation wird aus der Masse der verfügbaren Seiten eine Auswahl getroffen, die jedoch nicht immer durch die Qualität der Quellen begründet ist:

- **Die Verzeichnisse von Google und Yahoo!** (http://www.google.de/dirhp; http://de.dir.yahoo.com/) sind zwar riesig, jedoch maschinell erstellt und damit ebenso problematisch wie die gleichnamigen Suchmaschinen.

  Webseiten-Verzeichnisse

- **Das Open Directory Project** (http://www.dmoz.org/) setzt dem das Konzept einer kooperativen intellektuellen Erschließung durch Web-Nutzer/innen entgegen: Jeder von ihnen kann einen kleinen Teil des Internets bearbeiten und den anderen zur Verfügung stellen. Das Problem hierbei ist, dass es keine einheitlichen Qualitätsstandards gibt und damit die Rechercheergebnisse höchst unterschiedlich brauchbar sind.
- **Die Virtuellen Fachbibliotheken** (s. unter http://www.vascoda.de/, ›Fachzugänge‹) – von der Deutschen Forschungsgemeinschaft gefördert und von großen deutschen Bibliotheken erstellt – bieten hingegen neben zahlreichen anderen fachlichen Services übersichtlich gegliederte und durchsuchbare Sammlungen von nach einheitlichen Standards bewerteten Internetseiten an. Für fachliche Recherchen im Internet stellen sie einen sehr guten ersten Anlaufpunkt dar.

Es zeigt sich also: Die **Auswahl des geeigneten Recherchemediums** beeinflusst maßgeblich die Ergebnisse Ihrer Suche. Haben Sie sich für eine Quelle entschieden, ist es jedoch mindestens genauso wichtig, dass Sie aus dieser die bestmöglichen Ergebnisse herausholen können. Das folgende Kapitel wird Ihnen zeigen, wie Sie die Recherche zielgerichtet und effizient durchführen.

2. Recherche durchführen

Was zunächst am einfachsten erscheint, macht auf den zweiten Blick oft die größten Schwierigkeiten. Die Erfahrung zeigt, dass in der praktischen Durchführung der Recherche, etwa bei der Formulierung von Suchanfragen, häufig die größten Probleme auftreten. Eine besondere Tücke liegt darin, dass man in diesem Stadium bereits ein Recherchemedium gefunden hat, das für den intendierten Zweck in irgendeiner Form geeignet scheint und das meist auch irgendwelche Suchergebnisse anzeigt – was aber nicht angezeigt wird, sind die Dinge, die man nicht findet (der tote Winkel der Information!). Dies führt dazu, dass sich unerfahrene Sucher oft zu schnell mit schlechten Suchergebnissen zufriedengeben – und dies wiederum führt zu Misserfolgen in Studium und Beruf. Die **Grundtechniken einer elektronischen Recherche** sollte man daher sicher beherrschen. Sie werden im Folgenden Schritt für Schritt erläutert.

2.1 | Suchkategorien

2.1.1 | Suche mit Suchbegriffen

Wenn Sie eine bibliografische Datenbank oder einen Katalog starten, so begegnet Ihnen als erstes die jeweils voreingestellte **Suchmaske**:

- **Einfache Suche:** In einigen Fällen erinnert Sie diese Oberfläche vielleicht an das Erscheinungsbild der Suchmaschine Google: Eine einzelne Suchzeile lädt Sie zur Eingabe beliebiger Suchbegriffe ein. Solche Suchmasken werden meist als einfache Suche oder freie Suche (in englischen Datenbanken: ›Basic Search‹) bezeichnet.

Suchmasken

- **Erweiterte Suche:** Häufig jedoch starten wissenschaftliche Literaturdatenbanken auch mit einer differenzierteren Suchmaske, bei der mehrere Eingabemöglichkeiten für verschiedene Suchkategorien angeboten werden. Diese wird als erweiterte Suche (›Advanced Search‹) bezeichnet. Bei fast allen Datenbanken kann man beliebig zwischen der einfachen und der erweiterten Suchmaske wechseln; manchmal werden auch noch weitere Suchmasken (z.B. eine Expertensuche) angeboten.

Wozu dienen diese Suchmasken und welche sollten Sie jeweils verwenden?
In Kapitel 1.2.2 haben Sie erfahren, dass die Informationen in einer Datenbank in Kategorien strukturiert abgelegt und nach diesen Kategorien differenziert für die Suche aufbereitet werden. Die verschiedenen Suchmasken bieten jeweils eine spezifische Sicht auf diese strukturierten Informationen.

Die erweiterte Suche ermöglicht einen gezielten Zugriff auf bestimmte einzelne Suchkategorien einer Datenbank. Generell können Sie hier all diejenigen Informationen abfragen, die formal zur eindeutigen Unterscheidung einer bestimmten Publikation von allen anderen in der Datenbank enthaltenen Publikationen notwendig sind, und dazu meist Angaben zum Inhalt der Publikation.

Als formale Suchkategorien werden in einem Bibliothekskatalog, der ja in der Regel nur selbstständige Publikationen (s. Kap. 1.2) enthält, meist Autor bzw. Person, Titel, Verlag, Ort und Erscheinungsjahr angeboten – also genau diejenigen Informationen, die Sie auch in einer wissenschaftlichen Arbeit bei einer Quellenangabe zu einem **Zitat** anführen müssen (s. Kap. 1.2 und 5.2). Darüber hinaus finden sich oft Informationen, die für die schnelle, eindeutige Identifizierung eines bestimmten Eintrags nützlich sein können, wie z.B. die im Buchhandel gebräuchliche internationale Standard-Buchnummer (ISBN). In einer bibliografischen Datenbank, die auch unselbstständige Publikationen enthält, wird zwischen dem Titel eines Aufsatzes, Kapitels oder Beitrags und dem eines Buches oder einer Zeitschrift unterschieden. Außerdem kann häufig gezielt nach Publikationen in einer bestimmten Sprache oder nach einem bestimmten Publikationstyp (Bücher, Zeitschriften, Aufsätze, Videos, elektronische Medien etc.) gesucht werden.

Die inhaltlichen Suchkategorien geben Aufschluss darüber, welche **Themen oder Sachgebiete** in einer Publikation behandelt werden. Das ist schon deshalb notwendig, weil der Titel einer Publikation oft gar nicht darauf abzielt, eine eindeutige und erschöpfende Inhaltsbeschreibung zu liefern, sondern Neugier wecken und zum Kauf animieren soll. So können Sie beispielsweise im Südwestdeutschen Verbundkatalog die folgende Publikation finden:

Publikationen mit nicht-sprechendem Titel

Titel: **You get what you want.**
Beteiligt: **Lubic, Angela; Bruce, Laura**
Erschienen: **Berlin: Vice Versa, 2004.**

Worum mag es hier gehen? Aus der formalen Beschreibung ist dies nicht zu erschließen. Zum Glück gibt der Katalog zusätzlich Schlagwörter an:

Kunst – Geschichte 1990-2003 – Bildband.

Damit ist klar, worum es sich handelt – und durch die zusätzliche inhaltliche Beschreibung können Sie das Buch auch finden, wenn Sie gezielt nach Kunst-Bildbänden suchen.

Die Schlagwortsuche ist also das geeignete Mittel für eine inhaltliche Suche:

→ **Schlagwörter** werden auf der Grundlage einer Analyse des Inhalts der betreffenden Publikation **von Fachleuten vergeben**. Diese müssen sich dabei an vereinbarte Regeln halten und dürfen nur bestimmte Begriffe aus einem normierten Verzeichnis verwenden.

Die Normierung der Schlagwortvergabe soll sicherstellen, dass die gleichen Inhalte möglichst immer auf die gleiche Weise beschrieben werden. Idealerweise können Sie dann mit nur einer Suche nach dem richtigen Schlagwort alle Publikationen finden, die zu diesem Thema in der Datenbank enthalten sind – unabhängig davon, wie der Titel der Publikation lautet oder wie man das Thema noch formulieren könnte.

Probleme bei der Schlagwortsuche: In der Realität ist die Schlagwortsuche allerdings mit einigen Problemen verbunden. Zunächst ist zu beachten, dass nicht unbedingt alle Dokumente einer Datenbank mit Schlagwörtern versehen sein müssen: In deutschen Bibliothekskatalogen ist dies in der Regel erst ab Mitte der 1980er Jahre der Fall. Dann ist es selbst bei der Verwendung eines einheitlichen Regelwerks immer noch möglich bis wahrscheinlich, dass mehrere Menschen den Inhalt eines Buches unterschiedlich charakterisieren würden. Es gibt jedoch kein universales Schlagwortsystem für Deutschland oder gar weltweit, so dass Weite und Form der verwendeten Schlagwörter in verschiedenen Datenbanken unterschiedlich sein können.

Beispiel

Auswirkungen verschiedener Schlagwortregeln

In deutschen Bibliothekskatalogen werden Schlagwörter in der Regel im Singular und nach dem Prinzip des erstmöglichen Schlagworts vergeben. Das Prinzip bewirkt etwa, dass ein Buch mit dem Titel *Aktuelle Themen im Zweitsprachenerwerb* nur mit dem inhaltlich genauen Schlagwort ›Fremdsprachenlernen‹ beschrieben wird und nicht mit allgemeineren Begriffen wie ›Sprachunterricht‹ oder ›Spracherwerb‹. In internationalen Datenbanken ist dies dagegen keinesfalls immer üblich: Das gleiche Buch hat im Katalog der amerikanischen Library of Congress neben dem engen Schlagwort (Subject Keyword) ›Second language acquisition‹ auch ein weites: ›Language and languages – Study and teaching‹. Kennen Sie diese Gepflogenheiten nicht, ergibt sich im Zweifelsfall ein massiver toter Winkel der Information.

Hilfsmittel für die Schlagwortsuche: Zum Glück gibt es aber Hilfsmittel, die Sie bei der Auswahl des richtigen Schlagworts unterstützen können. In jeder gut gemachten Datenbank finden Sie einen **Index** der enthaltenen Schlagwörter, d.h. ein alphabetisches Register, in dem Sie nachsehen können, welche Schlagwörter in der Datenbank tatsächlich verwendet worden sind. Das Blättern in einem Schlagwortindex ist oft sehr hilfreich, weil Sie hier im Umfeld des gesuchten Begriffs auf weitere relevante Schlagwörter stoßen, die Ihnen vielleicht sonst nicht eingefallen wären. Meist wird dazu auch gleich die Zahl der Dokumente angegeben, die mit dem jeweiligen Begriff verknüpft sind, so dass Sie auf den ersten Blick sehen, ob sich die Suche lohnt.

Manche Schlagwortindizes enthalten darüber hinaus Erläuterungen zu den enthaltenen Begriffen (bei Personen beispielsweise die Lebensdaten) oder Verweise auf das Wortfeld, in das das jeweilige Schlagwort einzuordnen ist (also Synonyme, verwandte Begriffe, Ober- und Unterbegriffe, mehr dazu in Kap. 2.2.2). Ist dieses Verweissystem systematisch ausgebaut, spricht man auch von einem **Thesaurus**.

Die Stichwortsuche ist eine wichtige Alternative bzw. Ergänzung zur Schlagwortsuche: Wenn etwa ein Teil der Dokumente in einer Datenbank aus historischen oder sonstigen Gründen gar keine Schlagwörter besitzt, kommen Sie mit der Schlagwortsuche allein nicht weiter und sind in jedem Fall auch auf die Stichwortsuche angewiesen.

Zum Begriff

Ein → **Stichwort** ist ein Wort, das exakt so, wie Sie es suchen, in den formalen Angaben zum Buch (oder Aufsatz etc.) vorkommen muss.

Für die Suche nach einem bestimmten Thema kommen vor allem **Titelstichwörter** in Frage. Ihr gesuchtes Wort muss dann genau in der eingegebenen Form im Titel des Buches vorkommen. Dies hat Vorteile und Nachteile. Vorteile, weil Sie Ihre Suche sehr exakt definiert haben. Und fundamentale Nachteile, weil jegliche Variation ignoriert wird.

Beispiel

Wenn Sie beispielsweise das Titelstichwort ›Kunst‹ eingeben, würden Sie nicht nur das oben angeführte Buch *You get what you want* nicht finden, sondern auch nicht

- Bücher, deren Titel das gewünschte Wort in einer anderen grammatischen Form enthalten, z. B. ›Künste‹,
- Bücher, deren Titel Komposita (also zusammengesetzte Wörter) mit dem gesuchten Wort enthalten, z. B. ›Kunstausstellung‹ oder ›Bildkunst‹,
- Bücher, die in anderen Sprachen geschrieben sind.

Bei der Eingabe eines einzelnen Stichworts müssen Sie also davon ausgehen, dass Sie einen hohen Prozentsatz dessen, was zu dem Thema in der Datenbank existiert, nicht finden. Sofern Sie nicht nach einem bereits bekannten Titel suchen, sollten Sie daher immer mit **Variationen verschiedener Stichwörter und Stichwortformen** arbeiten. In Kapitel 2.4 werden Sie außerdem einige nützliche Instrumente kennenlernen, die Ihnen gerade bei der Stichwortsuche viel Mühe ersparen können.

Alle denkbaren Varianten werden Sie jedoch nie abdecken können, so dass bei der reinen Stichwortsuche – genauso wie bei der Schlagwortsuche – ein systematischer toter Winkel nicht zu umgehen ist. In gewissem Maße lässt sich dies kompensieren, wenn man **Stichwortsuche und Schlagwortsuche kombiniert**, also einen eingegebenen Begriff gleichzeitig im Titel der Publikationen und – falls vorhanden – in den Schlagwörtern sucht.

Genau dies wird mit der Suchmaske des Typs **einfache Suche** erreicht. Die eingegebenen Begriffe werden hier meist in allen Textfeldern der Datenbank gesucht; ausgeschlossen sind dann also nur Jahreszahlen und sonstige numerische Informationen (genaue Auskunft über die Suchkategorien, die berücksichtigt werden, gibt die Hilfefunktion des jeweiligen Rechercheinstruments).

Vorteile der einfachen Suche: Wenn Sie in der einfachen Suche eines deutschen Bibliothekskatalogs z. B. ›Spracherwerb‹ eingeben, haben Sie eine doppelte Chance: Die neueren Bücher zu diesem Thema sind relativ umfassend durch das entsprechende Schlagwort abgedeckt – ältere Bücher ohne Schlagwort oder solche mit abweichenden Schlagwörtern können Sie aber ebenfalls finden, wenn das Wort zum Beispiel im Titel des Buches auftaucht. Mit der einfachen Suche erhalten Sie folglich bei der Suche nach einem Thema in der Regel mehr Ergebnisse als bei der gezielten Eingabe von Suchkategorien in der erweiterten Suche; der tote Winkel der Information ist kleiner.

Nachteile der einfachen Suche: Stellen Sie sich vor, Sie suchen nach Informationen über die Stadt Rom. Wenn Sie diesen Begriff in die Suchmaske der einfachen Suche eingeben, finden Sie nicht nur alle Bücher mit Verlagsort Rom, sondern auch CD-ROMs, DVDs und natürlich Bücher von Autoren wie William N. Rom oder mit Titeln wie *Tod in Rom*. Sie sehen: Die umfassendere Suche wirkt sich negativ auf die Präzision der Suchergebnisse aus. Finden Sie zu viele irrelevante Ergebnisse, nutzt es Ihnen auch nichts mehr, wenn alle wirklich relevanten Publikationen darunter sind – sie gehen in der schieren Masse unter. In einem solchen Fall wäre also z. B. eine gezielte Schlagwortrecherche über die erweiterte Suche die bessere Wahl.

2.1.2 | Suche über eine Klassifikation

Sie haben jetzt einen Überblick über die wichtigsten formalen und inhaltlichen Suchkategorien bibliografischer Datenbanken und können einschätzen, welche Suchmaske für welchen Zweck geeignet ist. In vielen Datenbanken gibt es allerdings noch eine weitere Möglichkeit, thematisch zu recherchieren, ohne selbst Suchbegriffe einzugeben. Gemeint ist die **Suche über eine Klassifikation oder Systematik**, die Ihnen ein thematisches Browsing ermöglicht.

Zum Begriff

> Eine → Klassifikation oder Systematik ist ein Ordnungssystem, das meist nach wissenschaftlichen Disziplinen gegliedert ist.

Online-Suche über eine Klassifikation: Über die Klassifikation können Sie die im Katalog verzeichneten Publikationen systematisch filtern: Innerhalb einer Disziplin werden Unterklassen für einzelne Themenbereiche gebildet, denen meist Codes aus Buchstaben und/oder Zahlen (sogenannte Notationen) zugeordnet werden. Publikationen zur gleichen Thematik werden in einer Datenbank mit der gleichen Notation versehen, so dass sie über diesen Code gezielt wieder auffindbar sind. Die Recherche erfolgt in der Regel über eine hierarchisch gegliederte Darstellung der Klassifikation, in der man über die einzelnen Hierarchieebenen navigieren und am Ende mit einem Klick auf den gewünschten Themenbereich bzw. die gewünschte Notation die verknüpften Publikationen anzeigen lassen kann. Sie können hier also wie in einem Webverzeichnis browsen!

Die Regensburger Verbundklassifikation (RVK)

Beispiel

In der **Online-Version** (http://rvk.uni-regensburg.de/; mehr zur RVK in Kapitel 3.1) werden auf der ersten Ebene die gängigen wissenschaftlichen Disziplinen mit Buchstaben bezeichnet; so steht zum Beispiel ›D‹ für Pädagogik, ›G‹ für Germanistik und ›Q‹ für die Wirtschaftswissenschaften. Klickt man die Pädagogik an, so gelangt man zur thematischen Untergliederung des Fachs, die durch weitere Buchstaben und Zahlen codiert wird. Das Thema ›antiautoritäre Erziehung‹ findet sich beispielsweise unter ›Spezialfragen der Erziehung‹ und wird mit der Notation DG 1000 verknüpft.

Über spezielle Buttons der RVK-online lassen sich dann direkt die Publikationen abfragen, die in den Online-Katalogen der Anwenderbibliotheken zu dieser Notation erfasst worden sind. In den Katalogen selbst können die Notationen bei einem gefundenen Titel häufig ebenfalls angeklickt und so zur schnellen Suche nach den entsprechenden thematischen Aspekten verwendet werden (vergleichbar der Google-Funktion ›Ähnliche Seiten‹):

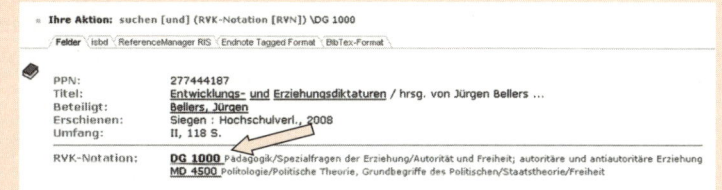

Notations-Links im Katalog

Klassifikationen dienen außerdem der physischen Ordnung der Bücher: Suche am Regal
Alle Bücher mit der gleichen Notation – und folglich dem gleichen Thema – stehen dann nebeneinander. So können Sie auch am Bibliotheksregal thematisch ›browsen‹ und sich z. B. im Umfeld eines bereits bekannten Buches zu einem Thema über weitere relevante Publikationen informieren (zum Aufbau der Signaturen und zum praktischen Umgang mit dem systematisch aufgestellten Buchbestand s. Kap. 3.1).

Die Suche über eine Klassifikation ist also in verschiedenen Kontexten gut dazu geeignet, sich schnell einen Überblick über vorhandene Publikationen zu einem bestimmten Thema zu verschaffen. Es gelten hier allerdings in noch stärkerem Maße die **Vorbehalte**, die bereits für die Schlagwortsuche angeführt worden sind: Da viele verschiedene Klassifikationen existieren, muss je nach Datenbank mit einem eigenen System gerechnet werden. Bei Bibliothekskatalogen sind oft nicht alle enthaltenen Publikationen mit einer Notation versehen; es fehlen häufig die

Bücher, die nicht frei zugänglich aufgestellt sind. Da die Handhabung weniger streng geregelt ist als bei der Schlagwortvergabe, muss vor allem bei überregional verbreiteten Klassifikationen damit gerechnet werden, dass eine bestimmte Publikation unterschiedliche Notationen trägt und damit verschiedenen Fächern oder Themen zugeordnet wird.

Als Ergänzung zur Stichwort- und Schlagwortsuche ist die Suche über eine Klassifikation dennoch zu empfehlen. Besonders praktisch ist sie als Einstieg in eine Datenbank, die Ihnen noch weitgehend unbekannt ist. Hier lässt sich durch das **thematische Browsing** schnell ein Überblick darüber gewinnen, was die Datenbank insgesamt umfasst und was sie zu bestimmten Themen bieten kann. In einem weiteren Schritt können Sie dann über eine geeignete Suchmaske gezielt Suchbegriffe eingeben.

Dies führt uns zu der Fragestellung, welche Suchbegriffe die richtigen sind, und was bei der Auswahl von Suchbegriffen zu beachten ist.

2.2 | Suchbegriffe finden

Wir haben bereits betont, dass Suchverhalten adaptives Verhalten ist: Die Eingabe von Suchbegriffen führt zwar zu einem bestimmten Suchergebnis, dies ist jedoch nicht so zu verstehen, dass Sie der Datenbank eine Frage stellen und darauf sofort eine passende, sinnvolle Antwort bekommen. Vielmehr ist es so, dass man **Suchbegriffe als Filter** verstehen muss, die aus der Gesamtmenge aller verfügbaren Daten bestimmte Daten selektieren. Da Sie die verfügbaren Daten nicht kennen, können Sie nicht davon ausgehen, dass Sie mit den erstbesten Begriffen bereits den idealen Filter gefunden haben. Sie werden auf jeden Fall **mehrere Versuche** mit mehreren Suchkategorien, Suchbegriffen und Kombinationen brauchen.

Mit der richtigen Strategie können Sie jedoch zielgerichtet vorgehen und so viel Zeit sparen. Grundsätzlich sind zwei Suchstrategien zu unterscheiden: diejenige bei der Suche nach bereits bekannten Titeln aus einer vorliegenden Literaturliste und diejenige bei der thematischen Suche.

2.2.1 | Literaturliste

Bereits bekannte Titel suchen

Bei der Suche nach den Titeln aus einer Literaturliste sind die in Frage kommenden Suchbegriffe bereits bekannt: Es sind die Bestandteile der vorliegenden bibliografischen Angabe. Es kommt also nur auf die Wahl der richtigen Bestandteile und die Suchtechnik an. Wenn Sie bei einer solchen Suche die folgenden **Grundregeln** beachten, haben Sie die häufigsten Fehler bei der Titelsuche bereits ausgemerzt und dürften so schnell zum gewünschten Titel gelangen:

- **Wählen Sie so wenige Elemente der Angabe wie möglich.** Weniger ist mehr! Die Eingabe von zu vielen Suchwörtern – und damit die extreme Einengung der Suche – ist einer der häufigsten Gründe für ein schlechtes Ergebnis.

Grundregeln der Suche nach bereits bekannten Titeln

- **Wählen Sie diejenigen Elemente, die am wenigsten variabel sind.** Einen Namen kann man verschieden schreiben, und verschiedene Systeme können mit Vornamen verschieden umgehen. Es empfiehlt sich daher in der Regel, nur den Nachnamen einer Person einzugeben und gegebenenfalls die Schreibweise anhand eines Index zu überprüfen. Jahreszahlen sind meist eine schlechte Wahl, weil es mehrere Auflagen eines Werkes geben kann, die in unterschiedlichen Jahren erschienen sind, aber das Gleiche beinhalten und daher gleichermaßen für Ihre Suche relevant sind. Günstig ist dagegen der Titel eines Buches oder Aufsatzes, da dieser unverändert in Datenbanken und Kataloge übernommen wird.

- **Wählen Sie die charakteristischsten Elemente bzw. Elementkombinationen**, d. h. diejenigen, die voraussichtlich in möglichst wenigen Publikationen zu finden sind.

> → Bitte beachten Sie auch die Regeln und Techniken, die wir Ihnen in den Kapiteln 2.3 bis 2.5 vorstellen.

Tipp

Wem dies zu abstrakt klingt: Im Folgenden sehen Sie einige typische reale Fälle aus der Katalog-Praxis, die deutlich machen, wie schnell man in der Null-Treffer-Falle (s. Kap. 2.7.1) landen kann:

> Dietrich, Wolf und Horst Geckeler: *Einführung in die span. Sprachwiss. – ein Lehr- und Arbeitsbuch.* 5., durchges. Aufl. – Berlin : Schmidt, 2007 (Grundlagen der Romanistik ; Bd. 15).
>
> **Eingabe:** ›Einführung in die span. Sprachwissenschaften‹
> **Ergebnis:** Null Treffer
>
> **Kommentar:** Hier werden nicht nur **zu viele Wörter** eingesetzt: Die direkte Eingabe von **abgekürzt vorgefundenen Titeln** führt in der Regel zu keinem Ergebnis.

Beispiele

Lüdtke, Jens: *Handbuch der romanischen Wortbildung.* Tübingen 2005.

Eingabe: ›Handbuch der romanischen Wortbildung‹
Ergebnis: Null Treffer

Kommentar: Die zitierte **Quellenangabe** war **nicht ganz korrekt**. Als sogenannter Zitiertitel ist ›Handbuch der romanischen Wortbildung‹ zwar geläufig. In Wirklichkeit lautet der Titel jedoch:

Lüdtke, Jens: Romanische Wortbildung : inhaltlich, diachronisch, synchronisch. – Tübingen: Stauffenburg-Verl. 2005 (Stauffenburg Handbücher).

Die bessere Suchstrategie wäre in diesem Fall eine Kombination aus Nachnamen des Autors und sinntragendem Wort aus dem Titel (z. B. ›Wortbildung‹) gewesen. Grundsätzlich sollten Sie sich die Eingabe von Artikeln, Konjunktionen und Präpositionen sparen. Diese kommen in nahezu jedem Buchtitel vor und dienen daher nicht der Unterscheidung Ihres gesuchten Eintrags von allen anderen Einträgen der Datenbank. In manchen Datenbanken sind solche nicht sinntragenden ›Stoppwörter‹ sogar grundsätzlich nicht suchbar und können bei der Eingabe zu Null-Treffer-Ergebnissen führen.

Das Prinzip Nation in modernen Gesellschaften. Länderdiagnosen und theoretische Perspektiven. Hrsg. von Tilman Mayer und Bernd Estel. Opladen 1994.

Eingabe: ›mayer prinzip nation länderdianosen‹
Ergebnis: Null Treffer

Kommentar: Hier hat man nicht nur **zu viele Wörter** eingegeben (was zum Tippfehler ›länderdianosen‹ führt), sondern hat auch noch **Titel und Untertitel** zusammen eingegeben (nicht in jeder Datenbank sind beide gleichzeitig durchsuchbar!). Fehlerträchtig ist in diesem Fall außerdem die Verwendung des Herausgebernamens: Bei mehreren Herausgebern ist in manchen Datenbanken nur der erste recherchierbar – und Sie können keineswegs sicher sein, dass die Reihenfolge in Ihrem Zitat mit derjenigen in der Datenbank übereinstimmt.

2.2.2 | Thematische Suche

Die thematische Suche ist ungleich schwieriger als die Suche nach einem bereits bekannten Titel. Oft wissen Sie selbst nicht ganz genau, wonach Sie suchen. Und selbst wenn Sie eine genaue Vorstellung davon haben: Sie suchen völlig **verschiedenartiges Material** zu Ihrem Thema (z.B. Aufsätze in Sammelbänden, Zeitungsartikel, Rezensionen oder Bücher) **in verschiedenartigen Quellen** (z.B. bibliografische Datenbanken verschiedener Hersteller oder fremdsprachige Bibliothekskataloge). Zudem ist das Material oft verschieden erschlossen (z.B. durch Schlagwörter oder Kurzzusammenfassungen, auch Abstracts genannt).

Stellen Sie eine Liste von Suchbegriffen zusammen! Suchbegriffe für eine thematische Suche lassen sich am besten durch eine **systematische Aufgliederung der Fragestellung** in einzelne Aspekte gewinnen. Sinnvoll ist es, bevor Sie mit der Sucharbeit beginnen, eine Liste von Begriffen zusammenzustellen, die für Ihre Fragestellung relevant sind. Sie können diese Liste nach Teilaspekten sachlich ordnen. Sie sollten außerdem versuchen, für jeden Begriff in der Liste **Synonyme** sowie **Ober- und Unterbegriffe** zu finden und diese ebenfalls als Suchbegriffe zu verwenden. Ober- und Unterbegriffe sind ein nützliches Mittel zur Einstellung des Schärfegrades Ihres Suchfilters. Wenn Sie Ihre Suche mit einem Oberbegriff beginnen und dann zu viele Treffer erhalten, gehen Sie im nächsten Versuch zu einem engeren Begriff über. So stellen Sie Ihre Suche Schritt für Schritt genauer auf den gewünschten Gegenstand und die Art der verfügbaren Daten ein.

Aufgliederung der Fragestellung, Liste von Suchbegriffen   *Beispiel*

Sehen wir uns einmal eine einfach strukturierte Recherche an: Sie möchten eine Hausarbeit über Kants ›Kategorischen Imperativ‹ schreiben. Um dies tun zu können, müssen Sie verschiedene Kontexte auf sinnvolle Suchergebnisse abklopfen, etwa den zeitlichen (Aufklärung, 18. Jahrhundert), den systematischen (Ethik, Handlungstheorie) oder den historischen (Kritik, Aufklärung). Eine erste Liste mit Suchbegriffen könnte also zunächst wie folgt aussehen:

Kant	Kategorischer Imperativ	Ethik	Aufklärung
Philosophen	Imperativ	Moral	Achtzehntes Jahrhundert
Herder	kategorisch	Moraltheorie	18. Jahrhundert
Locke	Kritik der praktischen Vernunft	Morallehre	Empfindsamkeit
Fichte	Vernunft	Handlungstheorie	Sturm und Drang
Hume	praktisch	Handeln	Enlightenment
Voltaire	Kritik	Philosophie	Lumières

Dies ist keine trockene Übung im Formulieren. Sie stellen hier – vergleichbar einem Fernglas – die Schärfe Ihres Suchfilters ein!

So ist Kants Vernunftverständnis natürlich im Kontext des Denkens anderer Philosophen zu sehen, der Kategorische Imperativ im Kontext anderer Imperative, die Kritik der praktischen Vernunft im Kontext der anderen kantischen Kritiken. Das Ganze ist in den zeitlichen Kontext zu stellen – dieser kann verschieden bezeichnet und verschieden begrenzt werden (z. B. ›18. Jahrhundert‹ oder ›Aufklärung‹). Auch sprachliche Variationen sollten (zumindest bei einer Stichwortsuche) berücksichtigt werden (z. B. ›Aufklärung‹, ›Enlightenment‹, ›Lumières‹), ebenso der geografische Kontext.

Viele weitere Kontexte sind vorstellbar – je nach Fragestellung Ihrer Arbeit sollten Sie sie Schritt für Schritt durchanalysieren und in Suchbegriffe umsetzen.

Nach Erstellen der Liste sollten Sie die gewonnenen Suchbegriffe in geeignete **Suchkategorien** eingeben (s. Kap. 2.1), in verschiedenen **Varianten** formulieren (s. Kap. 2.4) und **kombinieren** (s. Kap. 2.5). Sie filtern so die Gesamtmenge der verfügbaren Titel nach verschiedenen Aspekt(kombination)en und präzisieren Schritt für Schritt Ihre Suche.

Granularität, oder: Die Grenzen der Findbarkeit

Die Recherche kann Ihnen das Lesen nicht ersparen! Denn: Nicht der gesamte Inhalt eines längeren Werkes kann für Sie so erschlossen werden, dass Sie jeden einzelnen vorkommenden Aspekt über ein Suchformular suchen können. Und Sie können einer Maschine nur begrenzt deutlich machen, wofür Sie sich interessieren. Ein Werk kann auf den verschiedensten Ebenen oder in verschiedenen Feinheitsgraden erschlossen werden – dem sollte sich auch Ihre Suche anpassen, indem Sie verschiedene Feinheitsgrade ausprobieren. Dennoch: Seien Sie sich auch der Grenzen der Findbarkeit bewusst. Zwei Beispiele sollen Ihnen verdeutlichen was damit gemeint ist.

Nehmen Sie das folgende Buch:
Skyrms, B. (2004): The stag hunt and the evolution of social structure. Cambridge: Cambridge University Press.

Was würden Sie denken – worum geht es in diesem Buch? Übersetzt lautet der Titel: »Die Hirschjagd und die Evolution der Sozialstruktur«. Hilft Ihnen das weiter? Dass der Autor ›Professor of Logic *and* Philosophy of Science and Economics‹ ist, sollte Ihnen schon einmal zu denken geben – es handelt sich um ein interdisziplinäres Buch, das einen zentralen Beitrag zu mehreren Fachdisziplinen leistet. Sehen wir einmal weiter – wie wird das Werk in deutschen Bibliothekskatalogen findbar gemacht? Eine Suche im KVK (s. Kap. 1.2.1) zeigt uns, dass als RVK-Notation CC 7700 (›Gesellschaftsphilosophie‹) angegeben wird. Als Schlagwörter finden Sie: ›Soziale Evolution‹; ›Kooperatives Verhalten‹; ›Sozialstruktur‹; ›Evolution‹. Wissen Sie jetzt wirklich, ob das Buch für Sie interessant ist?

Ein Leser des gut 120-seitigen Buches würde, wenn er versuchen müsste, Ihnen annähernd den Inhalt des Buches zu beschreiben, wohl mindestens die folgenden Begriffe auflisten: ›Gesellschaftsvertrag‹; ›Spieltheorie‹; ›Kooperative Spieltheorie‹; ›Evolutionäre Spieltheorie‹; ›Evolutionstheorie‹; ›Rational Choice‹; ›Entscheidungstheorie‹; ›Politische Philosophie‹; ›Kooperation‹; ›Gesellschaftstheorie‹; ›Vergesellschaftung‹; ›Gefangenendilemma‹; ›Hirschjagd‹; ›Jagdpartie‹; ›John Maynard Smith‹; ›David Hume‹; ›Jean-Jacques Rousseau‹; ›Nash-Gleichgewicht‹; ›David Lewis‹; ›Konvention‹; ›Thomas Hobbes‹; ›Gerechtigkeit‹; ›Gerechtigkeitstheorie‹. Damit wäre Ihnen schon einmal ein wenig weitergeholfen – doch gibt es diesen erschließenden Leser meist nicht! Und: Selbst eine solche Begriffssammlung wäre nichts im Vergleich zu der Erschließung, die z. B. das Register des Buches selbst leistet – es listet 60 Sachbegriffe und 55 Namen auf!

Doch wie fein *sollte* eine Erschließung sein? Wahrscheinlich werden jetzt einige Leser/innen sagen: Warum nicht eine Volltextsuche? Die Antwort ist einfach: Damit eine Volltextsuche auch nur annähernd funktioniert (und auch bei den besten gibt es umfangreiche tote Winkel), muss sie ein höchst ausgefeiltes Relevanz-Ranking haben (s. Kap. 2.6) – denn sonst wird das o.g. Buch an vorderster Front auch von Medizinern (die Bakterienart ›Myxococcus xanthus‹ wird als Beispiel verwendet), Förstern (die Hirschjagd ist ein spieltheoretisches Modellbeispiel) oder Studierenden der griechischen Philosophie (Aristoteles kommt einmal vor) gefunden. Eine Erschließung kann auch zu fein sein!

Oder nehmen wir das folgende Buch:
Parasuraman, R.; Rizzo, M. (Hrsg.) (2008): Neuroergonomics. The Brain at Work. New York, NY: OUP.

Hier gibt es ein anderes Problem: Zum Zeitpunkt des Erscheinens war dieses das erste Buch zu diesem neu geschaffenen, interdisziplinären Thema zwischen Psychologie, medizinischer Hirnforschung, Neurowissenschaften, Kognitionswissenschaft, Ergonomie, HCI (Human-Computer-Interaction), Information Behavior Research u.a.m. In deutschen Bibliothekskatalogen finden Sie nur die folgenden blassen Begriffe: ›Neuropsychologie‹; ›Aufsatzsammlung‹.
Um die Schwächen des einen Erschließungsweges zu lindern, reichern deutsche Bibliotheken ihre bibliografischen Angaben immer mehr an, z.B. mit eingescannten Inhaltsverzeichnissen, Buchcovers, Abstracts, Rezensionen etc. Vor allem aber sollten Sie auch berücksichtigen, dass Bibliothekskataloge lernende Systeme sind: Das zweite Buch zu diesem Thema ist schon wesentlich ausführlicher erschlossen:

Schmorrow, Dylan D. (ed.) (2009): Foundations of augmented cognition: neuroergonomics and operational neuroscience: 5th international conference; proceedings/FAC 2009, held as part of HCI International 2009, San Diego, CA, USA, July 19-24, 2009. Berlin: Springer.

Hier finden Sie die Schlagwörter ›Mensch-Maschine-Kommunikation‹; ›Benutzeroberfläche‹; ›Adaptives System‹; ›Lernendes System‹; ›Verteilte künstliche Intelligenz‹; ›Kognitiver Prozess‹; ›Wahrnehmung‹; ›Gefühl‹; ›Gehirn-Computer-Schnittstelle‹; ›Hirnfunktion‹; ›Elektroencephalographie‹; ›Erweiterte Realität <Informatik>‹; ›Neurowissenschaften‹; ›Kognitionswissenschaft‹; ›Unterstützungssystem <Informatik>‹; ›Ergonomie‹. Auch die bibliografische Erschließung unterliegt also einer laufenden Entwicklung. Seien Sie sich dieser Untiefen bei Ihrer Recherche bewusst – eine vollständige Recherche ist ein längeres Wechselspiel zwischen Suchen und Lesen!

2.3 | Sonderzeichen

In vielen Sprachen gibt es spezielle Buchstaben oder Sonderzeichen. Aber auch ein ganz einfacher Bindestrich oder ein Apostroph können schon eine Vielzahl von Suchoptionen eröffnen. Eine Patentlösung zum Umgang mit Sonderzeichen gibt es leider nicht. Aber einige Tipps können wir Ihnen geben.

Akzente: Bei Akzenten etc. ist in fast allen Fällen die reine Eingabe des Buchstabens ausreichend – und manchmal sogar die einzige Möglichkeit.

Bindestrich, Apostroph etc.: Wörter, die einen Bindestrich, Apostroph etc. enthalten, können von Katalogen, Datenbanken und Suchmaschinen auf drei verschiedene Arten interpretiert werden:

- der Begriff wird einschließlich der Sonderzeichen als Zeichenkette aufgenommen (als sogenannte Phrase, s. Kap. 2.5),
- die Sonderzeichen werden in Leerzeichen umgewandelt oder
- die Sonderzeichen werden ignoriert und die durch sie getrennten Wortteile verbunden.

Welche dieser Alternativen trifft nun für die Kataloge oder die Datenbanken zu, die Sie gerade benutzen? Um das herauszufinden, hilft nur der Blick in den zugrundeliegenden **Index** oder in die **Hilfefunktion**.

Tipps zum Umgang mit Sonderzeichen

> → Um auf jeden Fall eine größtmögliche Treffermenge zu erzielen, suchen Sie einfach mit allen drei Möglichkeiten! Geben Sie also z. B. ›marketing-strategie‹, ›marketingstrategie‹ und ›marketing strategie‹ als Suchbegriffe ein.

Tipp

Sie suchen nach Literatur zum Thema ›Marketing-Strategie‹

1. Sie geben den Begriff ›marketing-strategie‹ in das Suchfeld ›Titel(stichwort)‹ im Katalog Ihrer Hochschulbibliothek ein. Ihre Suchergebnisse bestehen auf jeden Fall aus Titeln, die genau dieses Wort ›Marketing-Strategie‹ (mit Bindestrich) enthalten. In einigen Katalogen (aber nicht in allen) werden auch Titel mit dem Wort ›Marketingstrategie‹ gefunden.

2. Bei Eingabe von ›marketingstrategie‹ in das Suchfeld ›Titel(stichwort)‹ von Bibliothekskatalogen finden Sie üblicherweise Literatur mit den Wörtern ›Marketingstrategie‹ und ›Marketing-Strategie‹ im Titel.

Beispiel

3. Sie geben ›marketing-strategy‹ in das Suchfeld ›Title‹ einer internationalen Literaturdatenbank ein. Hier finden Sie meist auch Publikationen, die den Begriff ›marketing strategy‹ (ohne Bindestrich) im Titel haben.

4. Die Eingabe von ›marketing strategy‹ führt meist zu Literatur, deren Titel diese beiden Wörter enthält, jedoch nicht unbedingt nebeneinander (s. Kap. 2.5).

Im Zweifelsfall halten Sie sich einfach an die Regel, alle Möglichkeiten auszuprobieren!

Umlaute sind in deutschsprachigen Katalogen und Datenbanken in der Regel kein Problem. Aber was machen Sie, wenn Sie an einer amerikanischen Tastatur ohne Umlaute sitzen? Probieren Sie einfach, **die aufgelöste Form ›ae‹, ›oe‹ oder ›ue‹** einzugeben – diese werden oft auch gefunden. In deutschen Bibliothekskatalogen können Sie statt ›ä‹, ›ö‹, ›ü‹, oder ›ß‹ auch ›ae‹, ›oe‹, ›ue‹ oder ›ss‹ eingeben: Das Rechercheergebnis ist identisch. Prüfen Sie jedoch, ob auch andere von Ihnen genutzte Datenbanken die aufgelöste Form zulassen. Englischsprachige Datenbanken unterstützen Umlaute meist nicht.

Beispiel

Suche nach Namen mit Umlaut

Sie suchen in der Datenbank ›Current Contents Connect‹ nach Werken von Volker Müller-Benedict. Um eine vollständige Liste zu erhalten, müssen Sie im Feld ›Autor‹ folgende Suchbegriffe eingeben:

›mueller-benedict v*‹

›muller-benedict v*‹

›benedict v*‹

Der Autor ist in dieser Datenbank verzeichnet als

›Mueller-Benedict, Volker‹

›Muller-Benedict, Volker‹

›Benedict, Volker Mueller‹

Es gibt also auch hier mehrere Möglichkeiten: Entweder bleibt vom Umlaut nur der Grundbuchstabe – oder er wird aufgelöst. Welche Alternative ist die richtige? Da gibt es bei der Vielfalt der Hersteller leider keine allgemein gültige Regel – oft sogar noch nicht einmal in derselben Datenbank. Probieren Sie es aus!

Tipp

> → Benutzen Sie – speziell bei der Suche nach Autoren – den **Index**, um die verwendeten Schreibweise(n) zu ermitteln!

Groß- und Kleinschreibung der Suchbegriffe: Das ist zum Glück einmal ganz einfach – in fast allen Bibliothekskatalogen, Datenbanken und Suchmaschinen spielt sie keine Rolle. Selbst wenn Sie wollten, könnten Sie keine Unterscheidung treffen!

2.4 | Trunkierung

Jetzt ist es für Sie kein Problem mehr, einen oder mehrere geeignete Suchbegriffe zu finden. Doch können diese Wörter im Titel eines Buches oder im Abstract eines Zeitschriftenaufsatzes in unterschiedlichen Formen vorkommen: im Singular oder im Plural, in verschiedenen grammatischen Fällen oder in Wortzusammensetzungen. Müssen Sie sich hier tatsächlich über alle möglichen Variationen Gedanken machen? Die Antwort ist natürlich nein, denn hier hilft Ihnen die **Trunkierung**.

Zum Begriff

> Als → **Trunkierung** (lat. *truncare*: abschneiden) bezeichnet man die Verwendung eines Platzhalters (›Jokers‹), der beliebige andere Zeichen ersetzt.

Trunkierungen helfen Ihnen also immer dann weiter, wenn Sie verschiedene Wortformen in Ihre Suche einbeziehen möchten. Mit wenigen trunkierten Suchbegriffen decken Sie eine große Menge von Wörtern ab, die zu relevanten Ergebnissen führen. Als erstes müssen Sie allerdings das **Trunkierungszeichen** identifizieren. In den allermeisten Katalogen und Datenbanken ist es der Stern ›*‹ – aber es kann auch das Fragezeichen ›?‹, das Prozentzeichen ›%‹, das Dollarzeichen ›$‹ oder ein anderes Zeichen sein. Schauen Sie in der Datenbankhilfe nach!

Suche mit Trunkierung

Sie suchen im Katalog Ihrer Bibliothek nach Literatur zu Kants Kategorischem Imperativ. Bei einer thematischen Recherche empfiehlt sich zunächst die Suche mit Schlagwörtern (s. Kap. 2.1). Da Sie jedoch wissen, dass nicht alle Titel im Bestand der Bibliothek mit Schlagwörtern versehen sind, wollen Sie auch nach Titelwörtern recherchieren. Geben Sie daher im entsprechenden Suchfeld

›kant* imperativ*‹

ein. Sie erhalten dann auch Ergebnisse, bei denen Formen wie ›Kants‹, ›Kantisch‹, ›Imperative‹, ›Imperativs‹ etc. im Titel vorkommen. Prüfen Sie es doch einmal nach: Auf diese Weise ist die Treffermenge weitaus größer als bei Eingabe von

›kant imperativ‹

Hier finden Sie bloß Titel, in denen genau die Wörter ›kant‹ und ›imperativ‹ vorkommen.

Man unterscheidet drei Arten von Trunkierung:

Trunkierung
- **die Rechtstrunkierung** (so wie oben verwendet) – hierbei werden verschiedene Wortendungen in die Suche eingeschlossen.
- **die Linkstrunkierung** – hierbei steht das Trunkierungszeichen links vom Suchbegriff und ermöglicht die Recherche nach verschiedenen Wortanfängen.
- **die Mittel- bzw. Binnentrunkierung** – mit ihr wird nach Begriffen gesucht, die mit einer bestimmten Zeichenfolge anfangen und enden.

Während eine Rechtstrunkierung in den meisten Bibliothekskatalogen und Fachdatenbanken angeboten wird, sind Links- und Mittel-/Binnentrunkierung weniger häufig anzutreffen. Schauen Sie in der **Datenbankhilfe** nach, welche Form der Trunkierung zugelassen ist. Viele Suchmaschinen (z. B. Google, Yahoo) erlauben derzeit eine Trunkierung nur bei der Suche nach Phrasen (z. B. ›Deutschland * Urlaub‹).

Die Trunkierungsarten

Rechtstrunkierung: Suche nach Begriffen, die mit einer bestimmten Zeichenfolge beginnen:
›**desert***‹ findet ›desert‹, ›deserts‹, ›desertification‹

Linkstrunkierung: Suche nach Begriffen, die mit der eingegebenen Zeichenfolge enden:
›***diversität**‹ findet ›diversität‹, ›biodiversität‹, ›geodiversität‹

Mittel-/Binnentrunkierung: Suche nach Begriffen, die mit der eingegebenen Zeichenfolge beginnen und enden:
›**col***r‹ findet ›color‹, ›colour‹
›**do***ument‹ findet ›dokument‹, ›document‹

Eine besondere Form der Trunkierung ist die **Maskierung**, bei der genau ein Zeichen durch den Platzhalter ersetzt wird. Bitte beachten Sie, dass in einigen Datenbanken die Mittel-/Binnentrunkierung als Maskierung bezeichnet wird.

2.5 | Boolesche Operatoren

Wie kombiniere ich Suchbegriffe richtig? Ein einzelnes Wort reicht als Filter in den seltensten Fällen aus. Es gibt jedoch Möglichkeiten, mehrere Wörter miteinander zu verbinden:

Mit den sogenannten → **Booleschen Operatoren** (benannt nach ihrem Erfinder, dem englischen Mathematiker George Boole, 1815–1864) können Sie Suchbegriffe kombinieren und damit komplexe, genau auf Ihren Informationsbedarf abgestimmte Suchfilter bilden.

Drei Operatoren sind in nahezu jeder bibliografischen Datenbank (auch elektronische Kataloge sind technisch gesehen bibliografische Datenbanken) verwendbar. Ihre Beherrschung ist grundlegend für erfolgreiches Suchen: **UND**, **ODER**, **NICHT**.

Der Operator UND (bzw. engl. AND): Wenn Sie zwei Begriffe mit UND verknüpft suchen, etwa die Titelstichwörter ›Kant‹ und ›Aufklärung‹, dann werden aus der Gesamtmenge aller in der Datenbank enthaltenen Datensätze diejenigen Datensätze zurückgeliefert, in denen diese beiden

Wörter – exakt so, wie Sie sie geschrieben haben – im Feld ›Titel‹ vorkommen. Aus der Menge aller Titel, die ›Kant‹ enthalten und der Menge aller Titel, die ›Aufklärung‹ enthalten, wird also die **Schnittmenge** gebildet. Die beiden Begriffe müssen dabei nicht in der Reihenfolge vorkommen, in der Sie sie eingegeben haben, und es dürfen beliebig viele andere Wörter zwischen den beiden gesuchten Begriffen stehen.

Die Phrasensuche: Wenn Sie dagegen möchten, dass die Suchbegriffe in einer bestimmten Reihenfolge und direkt hintereinander vorkommen sollen, müssen Sie eine sogenannte **Phrasensuche** verwenden: Setzen sie einfach Ihre beiden Suchbegriffe in der gewünschten Reihenfolge hintereinander und umschließen Sie sie mit Anführungszeichen, also z.B. „Kant Aufklärung" (diese Schreibweise gilt für die meisten Datenbanken genauso wie für Google).

Tipp

> → Die meisten Datenbanken verstehen es als UND-Suche, wenn Sie einfach zwei Begriffe hintereinander in eine Suchzeile eingeben. Hier gibt es aber leider keinen weltweiten Standard. Wenn Sie sich unsicher sind, machen Sie einfach folgenden Test: Geben Sie dieselben Begriffe einmal in zwei unterschiedlichen Suchzeilen verknüpft mit UND ein und einmal einfach in einer Suchzeile hintereinander. Sind die Ergebnismengen der beiden Suchen gleich groß, wird die Suche mit zwei Begriffen hintereinander als UND-Suche verstanden – Sie können sich also die nächsten Eingaben in dieser Datenbank deutlich erleichtern!

Der Operator ODER (auch OR) weitet die Ergebnismenge im Vergleich zur UND-Verknüpfung aus. Wenn Sie zwei Begriffe mit ODER verknüpft suchen, etwa die Titelstichwörter ›Aufklärung‹ und ›Enlightenment‹, dann bekommen Sie aus der Gesamtmenge aller in der Datenbank enthaltenen Datensätze diejenigen Datensätze zurückgeliefert, die

- nur das Wort ›Aufklärung‹ oder
- nur das Wort ›Enlightenment‹ oder
- beide Wörter (egal in welcher Reihenfolge)

enthalten. Sie haben also im Prinzip die Ergebnismengen zweier Suchen nach den Einzelwörtern zusammengespielt oder – mathematisch ausgedrückt – eine **Vereinigungsmenge** gebildet. Praktisch ist der Operator ODER vor allem, um annähernd synonyme Begriffe gleichzeitig zu suchen. So würden Sie in unserem Beispiel mit ›Aufklärung ODER Enlightenment‹ sowohl deutsch- als auch englischsprachige Titel zum Thema finden.

Der Operator NICHT (auch UND NICHT oder NOT) dient dazu, aus der Ergebnismenge bestimmte Elemente herauszufiltern. Wollen Sie also Beiträge zu Kant finden, jedoch die Forschungen über Hume ausschließen, müssen Sie wie folgt suchen: ›Kant NICHT Hume‹. Sie bekommen alle Datensätze zurückgeliefert, in denen der Begriff ›Kant‹ vorkommt – außer denjenigen, die zusätzlich ›Hume‹ enthalten.

Bislang haben wir nur sehr einfache Suchbeispiele mit je zwei Suchbegriffen und einem Operator gewählt. Sie können jedoch wesentlich komplexere Suchabfragen formulieren, indem Sie mehrere Operatoren kombinieren. So einfach dies klingt: Die Suchabfrage logisch exakt zu formulieren erfordert präzise Überlegung. Wichtig ist es vor allem zu wissen, dass die Operatoren nicht gleich stark sind, sondern unter ihnen eine Hierarchie existiert.

Suchlogik: Mehrere Operatoren kombinieren

Suche mit mehreren Operatoren

Beispiel

Wenn wir (natürlich aufgeteilt auf mehrere Suchzeilen)

›Kant UND Fichte ODER Aufklärung‹

eingeben, wonach wird dann gesucht?

Nach allen Datensätzen, die auf jeden Fall das Wort ›Kant‹ sowie entweder das Wort ›Fichte‹ oder das Wort ›Aufklärung‹ enthalten, also in mathematischer Schreibweise ausgedrückt:

›Kant UND (Fichte ODER Aufklärung)‹?

Oder nach allen Datensätzen, die entweder die beiden Begriffe ›Kant‹ und ›Fichte‹ oder das einzelne Wort ›Aufklärung‹ enthalten, also in mathematischer Schreibweise ausgedrückt:

›(Kant UND Fichte) ODER Aufklärung‹?

Beachten Sie: Die Ergebnismengen dieser Suchen wären ganz unterschiedlich. Die zweite Variante dürfte eine wesentlich größere Ergebnismenge erbringen, da die primäre Verknüpfung eine ODER-Verknüpfung ist. Es würden auch Bücher gefunden, in denen weder Kant noch Fichte vorkommen.

Die richtige Antwort auf unsere Frage ist: die zweite Variante. Hätten Sie das gedacht? Der Grund hierfür ist einfach: Er liegt in der **Hierarchie der Operatoren** untereinander – UND koppelt Begriffe stärker zusammen als ODER; NICHT ist der stärkste Operator.

Sollten Sie sich einmal nicht ganz sicher sein, ob Sie alles logisch korrekt eingegeben haben, verwenden sie einfach die oben im Suchbeispiel eingesetzten Klammern – viele Datenbanken verstehen dies!

Die Filterfunktion der Booleschen Operatoren können Sie am besten verstehen, wenn Sie sich die Abfragen mit den verschiedenen Operatoren als Ein- und Ausblenden bestimmter Farbbereiche in einem Bild vorstellen.

Beispiel

Die Booleschen Operatoren

Wir haben Ihnen dies einmal beispielhaft zusammengestellt, indem wir **Farben als Suchwörter** genommen haben. Gehen wir von einer überschaubaren Gesamtmenge von Daten aus, die folgende Buchtitel beinhaltet:

Gesamtmenge:
Lind, G.: **Rot** zu **Grün**, **Schwarz** auf **Weiss**. München 1999.
Schindler, W.: 33 Jahre **Grün-Schwarz** Stuttgart. Stuttgart 1984.
Reichel, P.: **Schwarz – rot – gold** : Deutschland. Wiesbaden 1973.
Prantl, H.: **Rot-Grün** : eine erste Bilanz. Hamburg 2007.
Timm, U.: **Rot** : Roman. Köln 2001.
Theroux, A.: **Grün** : Farbanleitungen. Bingen 2008.
Pochat, G.: **Schwarz**, Tod, Nicht-Sein. Graz 2004.

Suchen Sie mit nur einem Suchbegriff, etwa ›Grün‹, werden Ihnen aus dem Gesamtbild alle Datensätze zurückgeliefert, die ›Grün‹ enthalten:

Ergebnisse Suche ›Grün‹:
Lind, G.: Rot zu **Grün**, Schwarz auf Weiss. München 1999.
Schindler, W.: 33 Jahre **Grün**-Schwarz Stuttgart. Stuttgart 1984.
Prantl, H.: Rot-**Grün** : eine erste Bilanz. Hamburg 2007.
Theroux, A.: **Grün** : Farbanleitungen. Bingen 2008.

Kombinieren wir nun zwei Suchbegriffe mit UND, z. B. Grün und Rot: Sie sehen sofort, dass die Ergebnismenge stark schrumpft: Es bleiben nur die Titel übrig, die beide Suchbegriffe enthalten, in denen also die Spalte für Rot und die Spalte für Grün gleichzeitig belegt sind:

Ergebnisse Suche ›Grün UND Rot‹:
Lind, G.: **Rot** zu **Grün**, Schwarz auf Weiss. München 1999.
Prantl, H.: **Rot-Grün** : eine erste Bilanz. Hamburg 2007.

Verknüpfen wir dagegen die beiden Suchbegriffe mit ODER, ergibt sich eine vergleichsweise große Ergebnismenge, da nur ein Datensatz aus der Gesamtmenge keinen der beiden Suchbegriffe enthält. Es werden alle Datensätze angezeigt, die entweder ›Rot‹ oder ›Grün‹ oder beide Suchbegriffe enthalten.

Ergebnisse Suche ›Grün ODER Rot‹:
Lind, G.: **Rot** zu **Grün**, Schwarz auf Weiss. München 1999.
Schindler, W.: 33 Jahre **Grün**-Schwarz Stuttgart. Stuttgart 1984.
Reichel, P.: Schwarz – **rot** – gold : Deutschland. Wiesbaden 1973.
Prantl, H.: **Rot-Grün** : eine erste Bilanz. Hamburg 2007.
Timm, U.: **Rot** : Roman. Köln 2001.
Theroux, A.: **Grün** : Farbanleitungen. Bingen 2008.

Verwenden wir dagegen den Operator UND NICHT bei derselben
Suche, ist die Ergebnismenge – verglichen etwa mit der Suche nur
nach dem Begriff Grün – wesentlich kleiner. Nur zwei Datensätze
enthalten die Farbe Grün, jedoch nicht die Farbe Rot.

Ergebnisse Suche ›Grün UND NICHT Rot‹:
Schindler, W.: 33 Jahre **Grün**-Schwarz Stuttgart. Stuttgart 1984.
Theroux, A.: **Grün** : Farbanleitungen. Bingen 2008.

Eine noch kleinere Ergebnismenge ergibt sich, wenn wir **zwei Suchbegriffe in einer bestimmten Abfolge suchen**, also eine **Phrasensuche** durchführen. Die Phrase ›**Rot Grün**‹ taucht nur in einem Datensatz der Gesamtmenge auf, nämlich in dem Titel ›**Rot-Grün** : eine
erste Bilanz‹. Bei ›**Rot** zu **Grün**, Schwarz auf Weiss‹ stehen dagegen
die gesuchten Begriffe nicht unmittelbar hintereinander; der Titel
würde daher nicht gefunden.

Je nach Art der Begriffskombination erhalten Sie also völlig verschiedene Suchergebnisse. Diese Ergebnisse bilden die Grundlage Ihrer Arbeit – die richtige Verwendung und Kombination von Suchbegriffen
zählt daher zu den wichtigsten Techniken des wissenschaftlichen Arbeitens.

Auch **Google** ermöglicht diese Art der Kombination und des Aus-
schlusses von Suchbegriffen:

→ Hintereinander eingegebene Begriffe werden auch hier automatisch mit **UND** verknüpft. Nach einer Phrase (= mehrere Wörter
in definierter Reihenfolge) wird gesucht, wenn man die entsprechende Gruppe von Wörtern in Anführungszeichen setzt.
→ Auch eine **ODER-Suche** ist möglich – über das Pipe-Symbol (z. B.
›shakespeare | Marlowe‹). Und so kann man auch die aus Daten-
banken bekannte Kombination von Suchelementen mit Klammern
verwenden – z. B. ›(shakespeare william) | (marlowe christopher)‹.

Tipp

Richtig googeln

→ Wenn Sie eine **Tilde vor dem Suchwort** eingeben (z. B. ›~post-colonialism‹), werden auch verwandte Begriffe mitgesucht.

→ Sie suchen nach der Adresse von Maler Kiefer in Ihrem Heimatdorf, interessieren sich aber nicht für den deutschen Maler Anselm Kiefer? Kein Problem, Google kennt auch die **UND NICHT**-Funktion, die Sie aus Datenbanken kennen: Geben Sie einfach ein Minus vor dem nicht erwünschten Suchterminus ein (z. B. ›maler kiefer -anselm‹).

→ Mit ›**inurl:**‹ **vor dem Suchbegriff** können Sie nach URLs suchen, die einen bestimmten Begriff enthalten (z. B. ›inurl:informations-kompetenz‹).

→ Sehr praktisch für die wissenschaftliche Suche: Durch die **Eingabe von ›filetype:‹** nach dem Suchwort können Sie nach einem bestimmten Dateityp suchen – so findet ›shakespeare filetype:pdf‹ ausschließlich PDF-Dateien zu Shakespeare.

→ Mit ›**define:**‹ **vor dem Suchwort**, können Sie direkt nach Definitionen eines Wortes im Internet suchen (z. B. ›define:informations-kompetenz‹).

→ Mit ›link:www.informationskompetenz.de‹ suchen Sie nach Seiten, die auf http://www.informationskompetenz.de verlinken – also nach verwandten Seiten! Eine andere Möglichkeit hierfür ist ›related:‹.

Manche Datenbanken bieten zudem weitere Operatoren an, die noch komplexere Suchabfragen erlauben, etwa die sogenannten **Abstands-operatoren** (oder ›proximity operators‹) wie WITH oder NEAR; diese erlauben es, den Abstand zu definieren, in dem Wörter voneinander vorkommen sollen. Zu diesen und weiteren Suchmöglichkeiten lesen Sie bitte die **Hilfedatei** der jeweiligen Datenbank – hier finden Sie ausführliche Informationen zu allen Suchmöglichkeiten.

2.6 | Anzeige der Ergebnisse

Nehmen wir an, Sie haben die richtige Datenbank für Ihre Recherche ausgewählt, Ihr Thema auf geeignete Suchbegriffe hin analysiert und diese korrekt verknüpft. Sie schicken dann die Suche ab und erhalten idealerweise eine Ergebnismenge, die groß genug ist, um Ihnen einen umfassenden Überblick über die Publikationen zum Thema zu bieten, und klein genug, um für eine rasche Durchsicht noch einigermaßen überschaubar zu sein. Der nächste Schritt bei der systematischen Literaturrecherche besteht darin, die **Ergebnisse kritisch zu evaluieren** und geeignete Dokumente für eine nähere Betrachtung auszuwählen – hierzu erfahren Sie mehr in Kapitel 4. Voraussetzung für die kompetente

Durchführung dieses wichtigen Auswahlprozesses ist jedoch, dass Sie die Ergebnisanzeige in allen Elementen richtig interpretieren und Ihren Bedürfnissen entsprechend anpassen können.

Kurzliste – enthaltene Elemente: Auf der ersten Ebene der Ergebnisansicht erhalten Sie normalerweise eine kurzgefasste Übersicht in Listenform. Welche Informationen in dieser **Kurzliste** genau enthalten sind, variiert je nach Datenbank. Mindestens können Sie jedoch den Autor bzw. Herausgeber und den Titel einer Publikation erkennen, meist auch das Erscheinungsjahr. Nicht selten finden Sie außerdem Hinweise zum Publikationstyp (meist über kleine Icons, die ein Buch, eine Zeitschrift, einen Tonträger etc. darstellen) und (bei Katalogen) zur Verfügbarkeit der Publikation in einer Bibliothek.

Sortierung der Ergebnisliste: Da die Ergebnisliste auch bei einer präzisen Suche in einer gut strukturierten Datenbank meist zu lang ist, um sie auf einen Blick zu erfassen, ist es von ganz wesentlicher Bedeutung, **nach welchen Kriterien** sie sortiert ist – auf welche Publikationen folglich Ihr Augenmerk als erstes gelenkt wird. Da man bei wissenschaftlicher Information davon ausgeht, dass die neuesten Forschungsergebnisse am interessantesten sind, werden die Ergebnisse in Katalogen und bibliografischen Datenbanken traditionell absteigend nach dem **Erscheinungsjahr** sortiert. Diese Voreinstellung lässt sich in der Regel auf eine Sortierung nach **Autor** und/oder **Titel** ändern.

Sortierung nach verschiedenen Kriterien

Ranking nach Relevanz: In Anlehnung an die erfolgreichen Internet-Suchmaschinen ist auch bei vielen wissenschaftlichen Recherchemedien eine Sortierung bzw. ein **Ranking nach Relevanz** eingeführt worden (zum Ranking bei Suchmaschinen siehe Kap. 4). Die Verfahren zur Ermittlung der Relevanz eines Datenbankeintrags für eine bestimmte Suchanfrage werden meist nicht vollständig offengelegt, da sie auf komplexen Algorithmen beruhen und ihre Qualität einen wesentlichen Erfolgsfaktor für den jeweiligen Anbieter darstellt. Einige Standardkriterien spielen jedoch immer eine Rolle: die **Häufigkeit**, mit der der Suchbegriff in einem bestimmten Dokument und in der gesamten Datenbank vorkommt, sowie die sogenannte **Prominenz** der eingegebenen Suchbegriffe.

Kriterium Häufigkeit: Zunächst gilt die Regel, dass ein Dokument umso weiter oben in der Ergebnisliste angezeigt wird, je häufiger ein eingegebener Begriff darin relativ zur Gesamtlänge des Dokuments gesehen vorkommt. Dies ist am einfachsten nachzuvollziehen, wenn Sie sich eine Datenbank mit Kurzzusammenfassungen (Abstracts) vorstellen, die ja ganz unterschiedlich lang sein können: Wenn Ihr Suchbegriff in einem dreizeiligen Abstract dreimal auftaucht, dann ist es sehr wahrscheinlich, dass die Publikation genau Ihr Thema (und kein weiteres) behandelt. Ist der Abstract dagegen 30 Zeilen lang und der Suchbegriff taucht nur dreimal auf, kann man vermuten, dass es sich hier eher um einen Nebenaspekt der Publikation handelt. Um als genauso relevant für die Suche eingestuft zu werden wie das Dokument mit dem dreizeiligen Abstract, müsste der Begriff hier 30mal vorkommen. Dies ist jedoch nicht das einzige Häufigkeitskriterium, wie das folgende Beispiel zeigt.

Relevanz-Ranking bei Suche mit mehreren Suchwörtern

Die Sache wird etwas komplizierter, wenn Sie mehrere Suchwörter eingeben. Nehmen wir an, Sie interessieren sich für den Weinbau in Spanien und recherchieren mit den entsprechenden Begriffen in dem Katalog Ihrer lokalen wissenschaftlichen Bibliothek. Sie können dann davon ausgehen, dass sehr viele Dokumente über Spanien im Katalog vorhanden sind – aber wahrscheinlich nur sehr wenige zum Thema Weinbau. Für Sie ist aber ein Dokument, in dem Spanien ausführlich unter den verschiedensten Aspekten dargestellt wird, das aber nur ein kurzes Kapitel über den Weinbau enthält (Fall A), weniger relevant als eines, in dem es ausschließlich um den Weinbau in Spanien geht (Fall B). Wie würden diese Dokumente nun in Ihrem Katalog beschrieben?

Fall A könnte z. B. wie folgt aussehen (Suchbegriffe sind hervorgehoben):
Titel: Landwirtschaft in **Spanien** ;
Schlagwörter: **Spanien** – Fischzucht ; **Spanien** – Getreideanbau ; **Spanien** – **Weinbau**.

Fall B dagegen so:
Titel: Modernisierung und Interessenpolitik im spanischen **Weinbau**.
Schlagwörter: **Spanien** ; **Weinbau** ; Interessenpolitik ; Geschichte 1860–1940; **Spanien** ; Weinwirtschaft ; Sozialgeschichte 1860–1940.

Dokument A umfasst insgesamt nur neun Begriffe, dabei treten die beiden Suchbegriffe insgesamt fünf Mal auf; in Dokument B kommen die Suchbegriffe dagegen bei insgesamt 17 Termini nur vier Mal vor. Nach dem Kriterium der Häufigkeit im Dokument würde das allgemeinere Werk also als relevanter eingestuft als das speziellere – was aber keineswegs Ihren Suchinteressen entspricht.

Hier setzt nun ein zweites Häufigkeitskriterium an: Die Suchbegriffe werden nicht als gleichwertig betrachtet, sondern **unterschiedlich gewichtet**: Je seltener der Suchbegriff insgesamt in der Datenbank vorkommt, desto besser ist er zum Herausfiltern der relevanten Publikationen geeignet und desto stärker wird er folglich gewichtet. So wäre es also möglich, dass Dokument B (in dem der seltenere Suchbegriff ›Weinbau‹ ja zweimal auftaucht) weiter oben in der Ergebnisliste auftaucht als Dokument A.

Kriterium Prominenz: Zusätzlich spielt noch der Faktor der **Prominenz** des Suchbegriffs eine Rolle. Erinnern Sie sich an die Suche nach Literatur zur Stadt Rom aus Kapitel 2.1: Hier hatten wir festgestellt, dass es problematisch ist, wenn inhaltliche Suchbegriffe bei der Recherche über die einfache Suche auch in Kategorien wie ›Erscheinungsort‹ und ›Materialart‹ gefunden und in einer langen und unübersichtlichen Ergebnisliste vermischt werden. Dies lässt sich durch eine spezifischere Suche vermeiden – oder aber dadurch, dass die Ergebnisse so sortiert werden, dass nur die wirklich relevanten oben stehen, so dass man ab einem bestimmten Punkt die Liste nicht mehr weiter durchsehen muss. Zu diesem Zweck muss für die Sortierung die Information ausgewertet werden, in welcher Kategorie der eingegebene Begriff gefunden wurde: Ist er in einem Dokument als Schlagwort vorhanden, ist seine Relevanz sehr hoch; steht er im Titel, wird dies ebenfalls stark gewichtet – kommt er dagegen in der Kategorie ›Verlagsort‹, ›Materialart‹ oder ›Autor‹ vor, wird dies als sehr viel weniger wichtig eingestuft.

Begrenzte Zuverlässigkeit des Relevanz-Rankings: Sie sehen, dass schon das Ranking aufgrund der drei Grundkriterien eine recht komplexe Angelegenheit ist, die von vielen Vorannahmen über den Zusammenhang von statistischen Häufigkeiten und inhaltlicher Relevanz ausgeht. Wenn Sie sich nun vorstellen, dass diese Kriterien untereinander und meist noch mit weiteren kombiniert werden, um zu der endgültigen Sortierung einer Ergebnisliste zu kommen, dann ahnen Sie schon, dass das Ergebnis nicht immer mit Ihren Erwartungen übereinstimmen wird. Es ist also Vorsicht geboten.

> → Verlassen Sie sich nicht auf den Mechanismus und sehen Sie auch relevanzsortierte Listen zumindest kursorisch bis zum Ende durch!

Tipp

Vollanzeige der Suchergebnisse: Haben Sie in der Ergebnisliste einen Titel gefunden, der Sie interessiert, so können Sie sich die detaillierten Informationen dazu in der **Vollanzeige** des Datensatzes ansehen. Hier werden meist die Suchbegriffe, die Sie eingegeben haben, hervorgehoben dargestellt, so dass Sie rasch überprüfen können, ob diese in einer relevanten Kategorie stehen. Oft können Sie außerdem zwischen verschiedenen **Anzeigeformaten** wählen, bei denen eine bestimmte Auswahl der in dem Datensatz gespeicherten Informationen in einer bestimmten Reihenfolge und Anordnung angezeigt wird. Neben dem voreingestellten Standardformat, das meist tabellarisch angeordnet ist, wird in Bibliothekskatalogen häufig ein kompaktes Format angeboten, das den in wissenschaftlichen Kontexten üblichen Zitierformaten ähnelt und daher manchmal eine willkommene Alternative sein kann.

Links zu weiterführenden Informationen: Meist haben Sie die Möglichkeit, in der Vollanzeige wichtige Elemente (z. B. Titelwörter, Schlagwörter und Notationen) anzuklicken, um so **nach weiteren Dokumenten zu suchen**, die diesen Suchbegriff enthalten. Außerdem können sich Links auf extern gespeicherte Informationen finden, z. B. auf ein Inhaltsverzeichnis, ein Abstract, eine Rezension oder auch den vollständigen Text der Publikation.

Die Vollanzeige enthält bei Katalogen auch die **Informationen zum Standort und zur Verfügbarkeit**, die Sie zum Beschaffen der gefundenen Publikation benötigen; dies wird in Kapitel 3 ausführlich behandelt. Möglichkeiten, die angezeigten Datensätze aus der Kurzliste oder der Vollanzeige temporär oder dauerhaft zu speichern und mit anderen Instrumenten weiterzuverarbeiten, werden Sie in Kapitel 5 kennenlernen. Bevor wir das Thema der richtigen Durchführung einer Recherche verlassen, wollen wir Ihnen aber noch einige Tipps an die Hand geben, mit denen Sie auch für den Fall gerüstet sind, dass es auf Anhieb mit der Recherche noch nicht so klappt, wie Sie es sich vorstellen.

2.7 | Suchen ändern und verfeinern

2.7.1 | Was tun bei zu wenig Treffern?

Nichts gefunden? Unerfahrene Sucher geben oft auf, wenn ihnen angezeigt wird, dass ihre Suche **keinen oder zu wenige Treffer** ergeben hat. Ein Null-Treffer-Ergebnis ist kein Grund zur Panik! Ein beträchtlicher Bestandteil der Eingaben in Kataloge und Datenbanken führt zu null Treffern. Dies beruht jedoch in den meisten Fällen auf ganz einfach zu beseitigenden Phänomenen – Sie haben meist entweder fehlerhaft oder zu eng gesucht, also Ihren Filter zu scharf eingestellt. Der größte Fehler, den Sie machen können, ist, an dieser Stelle aufzugeben und in die **Null-Treffer-Falle** zu tappen! Daher hier sieben Grundregeln, die Ihnen in sehr vielen Fällen weiterhelfen:

Null-Treffer-Falle

Checkliste

Sieben Grundregeln

→ Prüfen Sie gründlich, ob Sie Ihre(n) Suchbegriff(e) richtig geschrieben haben. Probieren Sie verschiedene Schreibweisen (gegebenenfalls auch verschiedene Sprachen). Schlagen Sie die richtige(n) Schreibweise(n) im Index nach.

→ Prüfen Sie, ob Sie die richtige Suchkategorie eingestellt haben.

→ Prüfen Sie, ob Sie die richtige Verknüpfung zwischen Ihren Begriffen gewählt haben. Probieren Sie verschiedene Verknüpfungen in Kombination mit verschiedenen Schreibweisen und verschiedenen Kategorien.

→ Prüfen Sie gründlich, welche Wörter oder Wortteile für Ihren Bedarf wirklich notwendig sind und lassen Sie alles andere weg (z. B. per Trunkierung).

→ Prüfen Sie, ob Sie Ihre Suchanfrage nicht zu eng definiert haben (z. B. eingeschränkt auf ein Jahr, obwohl mehrere Ausgaben eines Buches vorhanden sind).

→ Versuchen Sie Ihr Thema noch einmal neu in logische Aspekte zu gliedern und stellen Sie sich neue Suchbegriffe dazu zusammen.

→ Fragen Sie einen Bibliothekar.

Bitte beachten Sie zudem die in Kapitel 2.2 aufgeführten Empfehlungen – besonders die Erprobung von **Ober-, Unter- und Synonymbegriffen** ist oft die einfachste Lösung für Ihr Problem!

2.7.2 | Was tun bei zu vielen Treffern?

Zu viel gefunden? Angesichts riesiger Ergebnismengen – kein Wunder bei hunderten Millionen wissenschaftlicher Schriften – geben unerfahrene Sucher oft auf oder beschränken sich auf die Sichtung der Treffer, die zufällig auf der ersten Seite der Ergebnisliste stehen. Wenn Sie **zu viele Treffer** bekommen, haben Sie schlicht nicht ausreichend deutlich gemacht, was Sie suchen. Sie müssen Ihr Fernglas also schärfer einstellen und zusätzliche Suchkriterien formulieren. Hierzu sollten Sie entweder die von der Datenbank vorgegebenen **nachträglichen Filtermechanismen** direkt auf das Suchergebnis anwenden (manche Produkte bieten zum Beispiel eine nachträgliche Filterung nach ›Sachgebiet‹, ›Publikationsform‹ oder ›Standort‹ in Form eines Pull-Down-Menüs an) oder **eine neue Suche mit veränderten Suchbegriffen starten**. Auch hier geben wir Ihnen sieben Grundregeln an die Hand, die Sie einen Schritt weiterbringen:

Sieben Grundregeln

→ Prüfen Sie, ob Sie die richtige Verknüpfung zwischen Ihren Begriffen gewählt haben. Eine Einengung mit UND oder ein Ausschluss mit NICHT schafft oft schnell Abhilfe.

→ Prüfen Sie, ob Sie Ihre Suche zusätzlich formal einschränken können, z.B. auf einen Publikationstyp oder einen Zeitraum.

→ Versuchen Sie, den verwendeten Suchbegriff/die verwendeten Suchbegriffe mit einem weiteren zu kombinieren, etwa einem, der nur einen spezifischen Aspekt Ihres Themas betont.

→ Versuchen Sie Ihre Frage noch einmal neu in logische Aspekte zu gliedern und stellen Sie sich neue Suchbegriffe dazu zusammen.

→ Stellen Sie sich eine Liste von Oberbegriffen, Unterbegriffen, Synonymen und Alternativbegriffen zusammen und erproben Sie sie in verschiedenen Kombinationen.

→ Probieren Sie verschiedene Verknüpfungen in Kombination mit verschiedenen Suchbegriffen und verschiedenen Kategorien.

→ Fragen Sie einen Bibliothekar.

Seien Sie hartnäckig! Bitte beachten Sie auch hier die in 2.2 aufgeführten Empfehlungen. Generell gilt, dass sich **nur durch wiederholtes Ändern und Verfeinern der Suche** ein gutes Ergebnis erzielen lässt – zum wissenschaftlichen Recherchieren gehört nun einmal auch eine gesunde Portion Hartnäckigkeit:

Case 2007, 74 »an inquirer always ›gives up‹ eventually, because there is always more that could be known regarding a topic. The question of ›when‹ is determined by available resources and the inquirer's level of motivation.«

3. Literatur beschaffen

3.1 | In der Bibliothek: Arbeit vor Ort, Ausleihen, Bestellen oder Vormerken

Viele Studierende verspüren eine gewisse Verunsicherung, wenn sie zum ersten Mal ihre Hochschulbibliothek betreten. Eine Unmenge von Büchern und anderen Medien, weitläufige, bisweilen in der Stadt verteilte Räumlichkeiten, eine Vielfalt elektronischer Angebote – wie soll man sich hier zurechtfinden? Wenn es Ihnen genauso geht: Keine Sorge. Es gibt einfache Wege, sich mit der Bibliothek vertraut zu machen und die effektive Nutzung ihrer Informationsangebote zu erlernen.

Die Bibliothek als Informationszentrum und Arbeitsort: Um alle Angebote Ihrer Bibliothek kennenzulernen, besuchen Sie am besten eine **Einführung in die Bibliotheksbenutzung** oder einen Kurs zur Literaturrecherche. Die meisten Hochschulbibliotheken bieten mittlerweile ein breites Spektrum an **Lehrveranstaltungen zum Erwerb von Informationskompetenz** für alle Studienabschnitte an. Sie werden merken: Je schneller Sie sich mit Ihrer Bibliothek vertraut machen, desto leichter wird Ihnen auch der Einstieg ins Studium fallen. Denn: Die Bibliothek ist **Ihr wichtigster Ansprechpartner** für die Informationssuche, die Literaturrecherche und -beschaffung; sie bietet Ihnen zudem **vielfältige Arbeits- und Lernmöglichkeiten**.

Ein **Kriterium für die Wahl Ihres Studienortes** kann daher durchaus die örtliche Bibliotheksinfrastruktur sein. So bewerten beispielsweise beim CHE-Hochschul-Ranking (http://www.che-ranking.de/) Studierende die Verfügbarkeit der im Studium benötigten Literatur, die Beratungsmöglichkeiten, die Anzahl von Arbeitsplätzen in den Bibliotheken sowie Öffnungszeiten und Ausleihbedingungen. Dies kann Ihnen als ein Anhaltspunkt zur Einschätzung der Studienbedingungen dienen.

Wahl des Studienorts: Bibliotheksinfrastruktur?

Zugänglichkeit: Die meisten Hochschulbibliotheken können Sie ohne Formalitäten betreten. Die im Freihandbereich aufgestellten Bestände können Sie auch gleich einsehen und an den Arbeitsplätzen vor Ort nutzen. Sobald Sie aber etwas ausleihen oder an den Internet-PCs arbeiten möchten, brauchen Sie einen Bibliotheksausweis. **Erkundigen Sie sich als erstes bei Ihrer Bibliothek, wie Sie einen Bibliotheksausweis bekommen**. (An vielen Bibliotheken dient Ihr Studierendenausweis gleichzeitig als

Bibliotheksausweis, muss aber eventuell vor der ersten Benutzung freigeschaltet werden.) Auf dem Ausweis finden Sie Ihre Benutzernummer. Fragen Sie bei der Ausstellung des Ausweises auch gleich nach Ihrem Kennwort, das Sie für viele Selbstbedienungsfunktionen (Magazin- oder Fernleihbestellungen, Vormerkungen, Verlängerungen der Leihfrist) benötigen.

Arbeitsmittel: Machen Sie es sich zur Angewohnheit, für die Arbeit in der Bibliothek grundsätzlich einige Arbeitsutensilien mitzunehmen. Neben **Schreibgerät** und **Papier** (und sei es nur, um sich schnell eine Signatur zu notieren) ist oft ein eigener **Laptop** (bzw. Notebook oder Netbook) sinnvoll: In den meisten deutschen Hochschulbibliotheken gibt es mittlerweile frei verfügbares Internet über Funknetz (WLAN) in den Lesebereichen. Ganz wichtig: Nehmen Sie immer einen eigenen **USB-Stick** zur Datenspeicherung und -übertragung mit, z. B. zur Speicherung von Suchergebnissen.

Wahl des Arbeitsortes: Suchen Sie sich in Ihrer Bibliothek einen **Stamm-Arbeitsort**, der Ihnen optimale Bedingungen für Ihre tägliche Arbeit bietet. In erster Linie müssen Sie natürlich darauf achten, dass die Bücher für Ihr Fachgebiet vor Ort verfügbar sind. Daneben können jedoch auch Öffnungszeiten, Eignung für Laptoparbeit, Arbeitsatmosphäre usw. Auswahlkriterien bilden.

Bibliothek als Arbeitsort

Die Arbeit in und mit der Bibliothek unterscheidet sich je nachdem, um welchen Bibliothekstyp es sich handelt.

- In einer **Freihandbibliothek** stehen die meisten Medien frei zugänglich in den Regalen.
- In einer **Magazinbibliothek** müssen Sie den Großteil der Medien für die Ausleihe oder die Arbeit im Lesesaal bestellen. Hier stehen oft nur Handbücher, Lexika oder andere Informationsmittel in frei zugänglichen Regalen.
- In einer **Präsenzbibliothek** sind die Bücher und anderen Medien nicht ausleihbar. Dies hat den Vorteil, dass die Bestände der Bibliothek Ihnen immer annähernd vollständig zur Verfügung stehen – während ausgeliehene Bücher oft wochenlang für andere Nutzer/innen nicht zugänglich sind.
- In einer **Ausleihbibliothek** sind die Bücher und anderen Medien bis auf wenige Ausnahmen ausleihbar. Für Sie bietet die Ausleihe den Vorteil, dass Sie ein entliehenes Buch tatsächlich für sich alleine haben und an jeden gewünschten Lernort mitnehmen können. Bei stark nachgefragten Medien kann es allerdings passieren, dass Ihnen jemand zuvorkommt und Sie zunächst auf die Rückgabe warten müssen.

Während die Unterscheidung zwischen Präsenz- und Ausleihbibliothek besonders die Literaturbeschaffung und die Arbeit mit den Medien betrifft, ist die Unterscheidung zwischen Freihand- und Magazinbibliothek auch für die Literaturrecherche relevant:

1. In einer Freihandbibliothek gibt es zwei Wege, wie Sie nach Literatur recherchieren können: Einerseits können Sie – wie in einer Ausleihbibliothek – den Katalog (OPAC) nutzen (zu Recherchetechniken s. Kap. 2). Andererseits – und dies ist der besondere Vorzug einer Freihandbibliothek – können Sie auch **direkt am Regal relevante Literatur suchen**: Die Bücher sind hier üblicherweise systematisch, d. h. nach Wissenschaftsfächern und ihren Sachgebieten geordnet, aufgestellt. Um diese Suchart nutzen zu können, sollten Sie sich zunächst in Ruhe mit der **Klassifikation** (oder Systematik, s. Kap. 2.1) beschäftigen, nach der die Buchbestände geordnet sind – nur so lernen Sie nach und nach die ›Ecken‹ kennen, in denen Sie sich während des Studiums am häufigsten aufhalten werden.

Leider gibt es in deutschen Bibliotheken keine einheitliche Klassifikation, sondern nur solche, die relativ weit verbreitet sind: Neben der Dewey Decimal Classification (DDC, http://www.ddc-deutsch.de/) und der in Nordrhein-Westfalen verbreiteten Systematik der Gesamthochschulbibliotheken (GHBS, http://www.hbz-nrw.de/produkte_dienstl/ghb-sys/) wird in deutschen Bibliotheken vor allem die Regensburger Verbundklassifikation (RVK, http://rvk.uni-regensburg.de/) verwendet. Schon für den ersten Gang durch Ihre lokale Bibliothek ist es sinnvoll, eine Vorstellung der dort verwendeten Klassifikation zu haben – Informationsmaterialien hierzu liegen in jeder Bibliothek bereit.

Aufstellungssystematik

Was heißt das nun genau – nach einer Klassifikation aufgestellt? Nun, jedes der Bücher erhält eine **Signatur**, also eine Folge von Buchstaben und Zahlen, die es kennzeichnen und auffindbar machen. Mithilfe dieser Signatur ist es im Katalog zu finden. Die Signatur kennzeichnet aber auch seinen Standort in der Bibliothek und gibt Auskunft über den Inhalt des Buches. Die meisten Präsenzbibliotheken bieten daher einen systematischen **Aufstellungsplan** für ihre Bücher an – so finden Sie nicht nur einzelne Bücher, sondern auch den jeweiligen Standort des gesamten Sachgebietes, das Sie interessiert: Die Klassifikation ist ein inhaltlicher Führer durch die Bibliothek!

Beispiel

Die Signatur in der RVK

Am Beispiel der RVK sei kurz erläutert, wie eine Signatur zustande kommt und wie sie gelesen werden kann. Nehmen Sie an, Ihr Buch hat die folgende Signatur:

1403/GC 1584 B724(9)-2+3

In dieser Zeichenfolge ist für Sie zunächst die Zahl vor dem Schrägstrich wichtig: Sie heißt **Standort- oder Lokalkennzeichen** und sagt (vor jeglicher sachlicher Einordnung) aus, in welchem Teil Ihres Bibliothekssystems das Buch sich befindet. Denn: Ein Katalog kann die Bücher mehrerer Teil- oder Einrichtungsbibliotheken verzeichnen. Welches Kürzel für welchen Standort steht, lässt sich meist auf der Homepage der Hochschulbibliothek herausfinden.

Nach dem Schrägstrich folgt der Teil der Signatur, der sich auf die verwendete Klassifikation bezieht (die sog. Notation, s. Kap. 2.1). Das G steht in der hier verwendeten RVK für das Sachgebiet (bzw. die sog. **Hauptgruppe**) ›Germanistik. Niederlandistik. Skandinavistik‹. GC bezeichnet innerhalb dieses Sachgebiets die **Untergruppe** ›Deutsche Sprache‹. Innerhalb dieser Untergruppe sind die verschiedenen Gebiete der deutschen Sprachwissenschaft wiederum durch Zahlen aufgeteilt: So bezeichnet GC 1040 etwa die Soziolinguistik und GC 1584, wie in unserem Beispiel, die Wortbildung. Auf diese Weise ist inhaltlich genau definiert, worum es in diesem Buch geht – alle Bücher zur deutschen Wortbildung stehen so an einem Ort zusammen (die sog. **Systemstelle**). Sie können sich also anhand der Klassifikation orientieren – suchen Sie einmal nach Büchern zu einem bestimmten Sachgebiet auf diesem Weg!

Der Rest der Signatur ist schnell erklärt: Innerhalb einer Systemstelle wird in der Regel **nach Autor/innen geordnet**: B724 ist eine Verschlüsselung des mit einem B beginnenden Autornamens. Die Zahl in Klammern, hier (9), steht für die **Auflage** – es handelt sich also um die neunte Auflage. Die mit Bindestrich angeschlossene Zahl ist die **Bandzahl** – es handelt sich also um den zweiten Band eines mehrbändigen Werkes. Die mit Pluszeichen angeschlossene Zahl ist schließlich eine **Exemplarzahl** – es handelt sich hier also um das dritte Exemplar, das die betreffende Bibliothek besitzt.

Nicht immer wird Ihre Bibliothek so systematisch durchgeordnet sein – gerade in Bibliothekssystemen mit vielen Institutsbibliotheken müssen Sie sich auf eine Vielzahl verschiedener lokaler (und oft historisch gewachsener) Ordnungssysteme einstellen.

Tipp

Noch einige weitere Tipps:

→ **Zeitschriften und Zeitungen in Freihandbibliotheken:** Zeitschriften und Zeitungen werden in Freihandbibliotheken oft nicht sachlich geordnet, sondern unter einer einheitlichen Signaturgruppe (z. B. ›Z‹ mit laufender Nummer) aufgestellt. Die aktuellen Hefte werden meist lose in einer Zeitschriftenauslage präsentiert. Neben dem Katalog sind laufende Zeitschriften häufig auch durch entsprechende Listen erschlossen. Für aktuelle Zeitungen gibt es meist spezielle Leseecken, an denen die neuesten Ausgaben zur Verfügung gestellt werden.

→ **Ausleihe in Präsenzbibliotheken:** Eigentlich ein Widerspruch – doch vielfach können die Medien aus Präsenzbibliotheken unter bestimmten Bedingungen doch ausgeliehen werden, meist zu Zeiten, wo die Bestände nicht anderweitig genutzt werden, z. B. nachts oder über das Wochenende. Dies ist in der Benutzungsordnung der jeweiligen Bibliothek oder des Bibliotheksbereichs geregelt – fragen Sie nach!

→ **Standard-Serviceangebote:** Hierzu gehören öffentliche Kopiergeräte, an denen gegen Entgelt im Rahmen des geltenden Urheberrechts Kopien aus den Büchern des Bibliotheksbestands angefertigt werden können. Inzwischen sind oft auch Scanner vorhanden, mit denen man sich Scans auf dem eigenen USB-Stick abspeichern oder nach Hause e-mailen kann – dies sogar häufig umsonst. Informieren Sie sich über die günstigsten Möglichkeiten in Ihrer Bibliothek.

→ **Arbeitsmöglichkeiten:** Neben dem Hauptlesebereich existieren oft auch andere räumliche Möglichkeiten, z. B. Lesekabinen (›Carrels‹), Gruppenarbeitsräume, Laptoparbeitszonen u. a. Diese speziellen Angebote werden Ihnen in der Regel bei der Einführung in die Bibliotheksbenutzung präsentiert.

2. In einer Magazinbibliothek sind die Bücher für Sie als Benutzer nicht direkt zugänglich. Es gibt daher nur einen Rechercheweg: den Katalog (s. Kap. 1.2.1). In den allermeisten Fällen steht Ihnen ein **Online-Katalog (OPAC)** zur Verfügung. Das bedeutet für Sie, dass Sie einen Besuch in der Bibliothek am besten von zuhause aus vorbereiten: Klären Sie gegebenenfalls zunächst mit Hilfe von bibliografischen Datenbanken, welche Publikationen Sie benötigen (s. Kap. 1.1). Diese Liste können Sie dann im Katalog durchprüfen: Welches Buch ist in der Bibliothek vorhanden, und an welchem Standort befindet es sich? Achten Sie bei der Recherche nach Zeitschriften und Zeitungen unbedingt darauf, welche Jahrgänge wo vorhanden sind.

Bücher bestellen

Nach dem Standort gilt es die **Benutzungsbedingungen** zu klären: Ist das Buch ausleihbar, kann es nur im Lesesaal benutzt werden oder steht es gar an einem Sonderstandort (z. B. Handschriftenlesesaal)? Ist Letzteres der Fall, ist eine normale Bestellung meist nicht möglich – Sie erhalten stattdessen in der Regel Hinweise über spezielle Benutzungsbedingungen des Sonderstandorts. Falls Sie hieraus noch nicht schlau werden, scheuen Sie sich nicht, bei der Information der Bibliothek nachzufragen. Auch Sonderbestände sind oft für Studierende nutzbar und werden auf Anfrage gerne bereitgestellt. Benötigen Sie ein ausleihbares Buch, müssen Sie es **über den Katalog bestellen**. Nach dem Auslösen des Bestell-Buttons werden meist die Daten Ihres Ausweises sowie der gewünschte Abholort abgefragt (Ausleihe, Lesesaal u. a.). In der Rückmeldung zu Ihrer Bestellung erfahren Sie dann in der Regel, wie lange der Transport aus dem Magazin (die ›Aushebung‹) dauern wird – kalkulieren Sie solche Lieferzeiten in Ihrem Arbeitsplan mit ein!

Das bestellte Buch können Sie nach Ablauf der Lieferzeit in der Ausleihe abholen und für eine – je nach Bibliothek unterschiedliche und meist mehrfach verlängerbare – Leihfrist ausleihen.

Tipp

> → **Achtung:** Beachten Sie unbedingt das Leihfristende der von Ihnen entliehenen Medien oder verlängern Sie die Leihfrist rechtzeitig. Ansonsten wird Ihre Bibliothek Sie kostenpflichtig mahnen – und das kann teuer werden.

Bücher vormerken und Bestellungen verwalten: Ist ein Buch von einem anderen Nutzer ausgeliehen, können Sie es in den meisten Katalogen vormerken, d. h. für sich reservieren: Sie bekommen es, sobald der derzeitige Entleiher es zurückgegeben hat (Vormerkungen sind allerdings leider in manchen Bibliotheken kostenpflichtig). Ihre **Bestellungen, Vormerkungen und Ausleihen** können Sie meist über ein persönliches Konto einsehen. Bei ausgeliehenen Büchern kann über dieses Konto meist auch die Leihfrist verlängert werden.

Tipp

> **Noch einige weitere Tipps:**
> → Kataloge geben die bibliografische Struktur oft sehr genau an, d. h. **mehrbändige Bücher und Zeitschriften** sind oft mit ihren einzelnen Bänden verzeichnet und bestellbar – achten Sie also auf die Bestellung des richtigen Bandes bzw. Jahrgangs.
> → Um die Ergebnisse Ihrer Katalogrecherche weiterverwenden zu können, bringen Sie am besten einen **USB-Stick** mit. Nicht immer können Sie Ihre Ergebnislisten in der Bibliothek ausdrucken oder sich nach Hause mailen.

→ Geben Sie bei der Anmeldung in einer Bibliothek immer Ihre
E-Mail-Adresse an: So können Sie schnell benachrichtigt werden,
wenn Ihre Bücher eingetroffen sind oder eine Leihfrist abläuft.
→ Viele Hochschulbibliotheken verfügen über eine sogenannte **Lehr-
buchsammlung**: Dort sind die wichtigsten Bücher für Ihr Studium
in vielen Exemplaren vorhanden und ausleihbar – so brauchen Sie
nicht jedes Buch selbst zu kaufen.

3.2 | Fernleihe

Nicht jede gewünschte Publikation kann von Ihrer Hochschulbibliothek
erworben werden. Um allen Nutzer/innen den Zugang auch zu sehr
spezieller Literatur zu ermöglichen, wurde von den deutschen Bibliotheken das System des Leihverkehrs (die sogenannte **Fernleihe**) etabliert.
Nach der deutschlandweit geltenden Leihverkehrsordnung (http://
www.bibliotheksverband.de/fileadmin/user_upload/DBV/vereinbarungen/
Leihverkehrsordnung.pdf) dürfen Medien (Bücher und Zeitschriftenaufsätze, DVDs, CDs usw.), die am jeweiligen Ort nicht vorhanden sind, per
Fernleihe aus einer anderen Bibliothek bestellt werden.

Sondersammelgebietsbibliotheken   Zur Vertiefung
Damit möglichst viele Literaturwünsche auf diesem Weg erfüllt
werden können, sind mit Unterstützung der Deutschen Forschungsgemeinschaft an großen deutschen Bibliotheken sogenannte **Sondersammelgebiete** für alle wissenschaftlichen Disziplinen eingerichtet
worden. Aufgabe dieser Sondersammelgebietsbibliotheken ist es,
die Literatur in ihrem Fachgebiet möglichst umfassend auch aus
dem Ausland zu beschaffen und für die wissenschaftliche Nutzung
in Deutschland zur Verfügung zu stellen – insbesondere auch über
die Fernleihe. Besonderes Glück haben Sie natürlich, wenn Sie eine
Sondersammelgebietsbibliothek zu Ihrem Studienfach in Ihrer Nähe
haben – dann steht Ihnen die bestmögliche Literaturausstattung
direkt vor Ort zur Verfügung. Einen Überblick über die Verteilung
der Sondersammelgebiete gibt das Portal Webis (http://webis.sub.
uni-hamburg.de/). Die Sondersammelgebietsbibliotheken betreu-
en in der Regel auch die Virtuellen Fachbibliotheken ihres Fachs
(s. Kap. 1.2.5).

Die Fernleihbestellung erfolgt zumeist über den regionalen Katalog (Verbundkatalog, s. Kap. 1.2.1), der bei manchen Bibliotheken zugleich auch

über den lokalen Katalog zugänglich ist, oder ein spezielles Recherche-portal. Recherchieren Sie nach dem gewünschten Titel und wählen Sie dann die Fernleihoption aus. Oder Sie können eine freie Eingabemaske aufrufen, in der Sie die Titel, Verfasser und weitere bibliografische Angaben eintragen. Je nach Bestelloberfläche müssen Sie sich dann noch als Benutzer Ihrer Heimatbibliothek identifizieren und den gewünschten Abholort angeben (z. B. Fernleihstelle, Ausleihe, Lesesaal). Bis zur Lieferung müssen Sie in der Regel mit einer Wartezeit von 7 bis 10 Tagen rechnen. Wichtig: Medien, die per Fernleihe in Ihre Bibliothek geliefert wurden, sind zu den Bedingungen der gebenden Bibliothek (also der Bibliothek, aus der das Buch kommt) für Sie ausleihbar – die Leihfrist kann also gegebenenfalls kürzer sein, als Sie es gewohnt sind. Die *gebende* Bibliothek entscheidet auch, ob z. B. eine DVD überhaupt in die Fernleihe gegeben wird.

Grundsätzlich unterschieden wird in der Fernleihe zwischen soge-nannten **rückgabepflichtigen Medien** (also Bücher oder DVDs, die Sie nach Ablauf der Leihfrist wieder abgeben müssen) und **Kopien**, die Sie behalten dürfen. Die Fernleihbestellung von rückgabepflichtigen Medien kostet in manchen Bundesländern bis zu 1,50 Euro, in anderen (z. B. Bayern) ist sie bisher kostenlos. Aufsätze und Artikel aus Zeitschriften, Zeitungen und Büchern werden Ihnen in der Regel als Kopie geliefert (Kosten für Sie: ca. 1,50 Euro pro 20 Seiten).

Ausnahmen von der Fernleihe: Nicht jedes bestellte Werk kann Ihnen als Original per Fernleihe geliefert werden:

Ausnahmen von der Fernleihe

- **Medien, die am Ort vorhanden, aber ausgeliehen sind**, sind grundsätz-lich von der Fernleihe ausgenommen. Das gleiche gilt für Bücher, die im Handel zu einem **Preis unter 15 Euro** erhältlich sind.

- **Seltene und kostbare Bücher** (auch ›Rara‹ genannt) werden meist nicht per Fernleihe versandt (falls sie im Einzelfall doch versandt werden, können Sie sie oft nur im Lesesaal einsehen). Auch hier ist über den Fernleihservice teilweise die Bestellung von Kopien möglich. Sehr seltene oder empfindliche Werke dürfen jedoch auch nicht kopiert werden; Sie können sie daher entweder nur vor Ort benutzen oder kostenpflichtig als Digitalisat oder Reproduktion bei der besitzenden Bibliothek bestellen.

- **Zeitschriftenbände und andere großformatige Bände** werden meist nicht per Fernleihe versandt; hier können Sie sich entweder auf klei-ne Teile beschränken, die als Kopie geliefert werden können, oder die Bände vor Ort in der besitzenden Bibliothek nutzen.

Sollten Sie einmal ein im Ausland erschienenes Buch benötigen, das an keiner deutschen Bibliothek vorhanden ist, kann Ihre Bibliothek es unter bestimmten Voraussetzungen über den internationalen Leihver-kehr aus einer ausländischen Bibliothek beschaffen. Hier ist allerdings mit deutlich höheren Kosten und zum Teil erheblichen Wartezeiten zu rechnen. In einem solchen Fall – oder auch wenn es bei einer Publi-

kation einmal besonders schnell gehen muss – können spezialisierte
Dokumentlieferdienste eine geeignete Alternative zur Fernleihe sein.

3.3 | Dokumentlieferung

Die Fernleihe ist für Hochschulangehörige meist der kostensparendste
Weg, um an eine benötigte Publikation zu kommen, die nicht vor Ort
vorhanden ist. Steht weniger der Preis als die Liefergeschwindigkeit und
der Komfort im Vordergrund, bieten sich **Lieferdienste** an, die im Gegensatz zur Fernleihe oft über einen Eilbestellmodus verfügen. Diese
Dienste sind (bis auf die hochschulinternen Lieferdienste) **durchgehend
kostenpflichtig**; die genauen Preise und Bestellmodalitäten können Sie
den Webseiten der jeweiligen Anbieter entnehmen. Aufgrund der aktuellen Vorgaben durch das Urheberrecht ist die Lieferung in Deutschland meist auf den Postweg (Kopien) und den Faxversand beschränkt.
Geliefert wird in der Regel direkt an Sie als Endkunden, nicht – wie bei
der Fernleihe – an Ihre Bibliothek. Momentan existieren in Deutschland
drei Hauptarten:

Dokument-/Auf-
satzlieferdienste

- **Hochschulinterne Dokumentlieferdienste:** Hier werden Dokumente,
  meist Aufsätze, aus den verschiedenen Standorten einer Hochschulbibliothek Wissenschaftlern und teilweise auch Studierenden direkt
  an den Arbeitsplatz zugesandt. Wenn es an Ihrer Hochschule einen
  solchen Dienst gibt, finden Sie den Zugang meist über die Homepage
  der Hochschulbibliothek.
- ›**subito‹:** Über ›subito‹ (http://www.subito-doc.de/), einen Dokumentlieferdienst wissenschaftlicher Bibliotheken aus Deutschland,
  Österreich und der Schweiz, können Sie sich aus über 35 Lieferbiblio-
  theken Kopien von gedruckten Zeitschriftenaufsätzen oder Büchern
  zusenden lassen. Die verfügbaren Bestände lassen sich direkt auf der
  subito-Website recherchieren.
- **Dokumentlieferdienste von Bibliotheken mit überregionaler Bedeutung:**
  Einige große Bibliotheken bieten eigene Dokumentlieferdienste
  für Kopien von Aufsätzen und Beiträgen aus Zeitschriften und Büchern an, z. B. die Deutsche Nationalbibliothek (Frankfurt und Leipzig, http://www.d-nb.de/service/benutzung/dok_in_kopie.htm) und die
  großen natur- und wirtschaftswissenschaftlichen Fachbibliotheken
  Technische Informationsbibliothek und Universitätsbibliothek Hannover (TIB), Deutsche Zentralbibliothek für Wirtschaftswissenschaften – Leibniz-Informationszentrum Wirtschaft Kiel und Deutsche
  Zentralbibliothek für Medizin Köln (http://www.goportis.de/).

Hauptarten von
Dokumentliefer-
diensten

Darüber hinaus stehen Ihnen **internationale Lieferdienste** zur Verfügung – z. B. der umfassende Dokumentlieferdienst der British Library, einer der weltweit größten Bibliotheken (›British Library Direct‹,

http://direct.bl.uk/bld/Home.do), oder der Service ›eod books2ebooks‹ (http://books2ebooks.eu/), der eine Auftragsdigitalisierung von Büchern aus großen europäischen Bibliotheken ermöglicht. Schließlich gibt es noch **kommerzielle Lieferdienste für spezielle Dokumentarten**, z. B. ausländische Dissertationen, bei denen jedoch teilweise sogar die Recherche schon zugangsbeschränkt und kostenpflichtig ist. Bei Bedarf erfahren Sie Näheres hierzu und zu den urheberrechtlichen Beschränkungen bei Ihrer Hochschulbibliothek.

3.4 | Elektronischer Volltext

Immer mehr Literatur wird auch in elektronischer Form angeboten. Der Schwerpunkt hierbei liegt derzeit auf der Zeitschriften- bzw. der Aufsatzliteratur, doch auch andere Publikationsformen wie Monografien oder Dissertationen sind zunehmend online verfügbar. Ebenso vielfältig wie die Formen elektronischer Publikationen (z. B. elektronische Zeitschriften, E-Books oder Internetseiten) sind die Zugangsformen (z. B. über eine bibliografische Datenbank, einen Publikationsserver einer Institution oder die Website einer Person) und die Nutzungsbedingungen (frei im Netz zugänglich, kostenpflichtig pro Download, lizenziert durch Ihre Bibliothek für einen oder mehrere Jahrgänge etc.). Um ein wenig Licht in den Dschungel zu bringen, wollen wir Ihnen die wichtigsten Zugangsformen vorstellen.

Aufsatzliteratur elektronisch beschaffen: Ein wichtiges Zugangsinstrument für elektronische Zeitschriften haben wir schon in Kapitel 1.2.4 betrachtet: die Elektronische Zeitschriftenbibliothek (EZB). Sie hilft Ihnen jedoch nur dann weiter, wenn Sie bereits den Titel einer bestimmten Zeitschrift kennen und überprüfen möchten, ob diese elektronisch verfügbar ist. Oft recherchieren Sie jedoch nach einem bestimmten Thema in einer bibliografischen Datenbank und möchten dann wissen, ob Sie die gefundenen Aufsätze elektronisch abrufen oder alternativ in Ihrer Bibliothek bestellen können. Diese Abfrage wird durch eine als ›**Link Resolver**‹ bezeichnete Technologie möglich. Ein Link Resolver verknüpft eine bibliografische Datenbank mit einem elektronischen Bibliothekskatalog oder mit einer Sammlung von elektronischen Volltexten, um Ihnen mit einem Klick Abfragen zu ermöglichen, für die Sie sonst in andere Recherchesysteme wechseln müssten. Literaturrecherche und Literaturbeschaffung werden also zu *einem* Prozess. In der Praxis sieht dies in etwa so aus wie in der folgenden Abbildung:

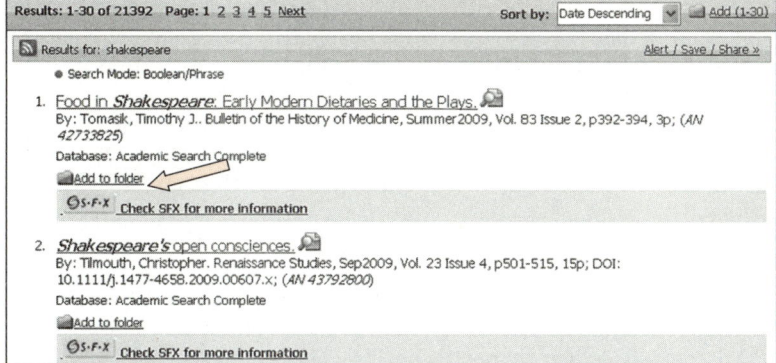

Link Resolver-
Button zur Litera-
turbeschaffung
unter den Treffern
in einer bibliogra-
fischen Datenbank

Bei jedem Titel aus der Ergebnisliste bietet Ihnen der **Link Resolver-
Button** (in diesem Fall der derzeit bekannteste Link Resolver, ›SFX‹) die
Möglichkeit, verschiedene **Services zur Beschaffung des jeweiligen
Aufsatzes** zu nutzen: Ist ein elektronischer Volltext für Sie verfügbar
(also meist von Ihrer Hochschulbibliothek lizenziert), so wird dies im
Link Resolver-Fenster (s. die folgende Abb.) an erster Stelle angezeigt –
Sie brauchen nur noch auf den Link unter ›**Volltext bei**‹ zu klicken und
gelangen direkt zur elektronischen Version des Aufsatzes. Meist handelt
es sich um eine PDF-Datei, die – als digitale Kopie der gedruckten Zeitschrift – wie das gedruckte Exemplar zitiert werden kann.

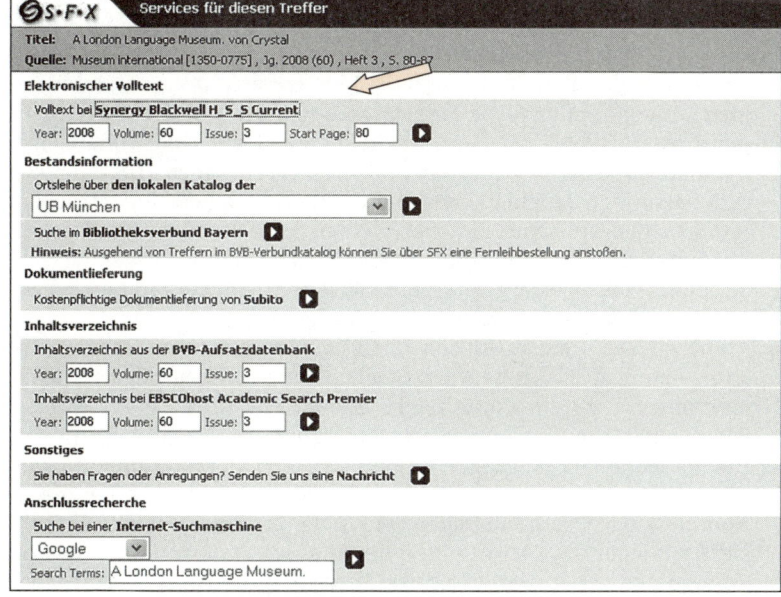

Zugang zum
elektronischen
Volltext über den
Link Resolver

Beschaffung über den Bibliothekskatalog: Ist kein elektronischer Volltext verfügbar, haben Sie über den Link Resolver die Möglichkeit, sich mit einem Mausklick unter ›**Bestandsinformation**‹ im lokalen und im regionalen Bibliothekskatalog anzeigen zu lassen, wo sich das benötigte Zeitschriftenheft befindet, und es gegebenenfalls zu bestellen. Außerdem stehen Ihnen oft weitere Services zur Verfügung, etwa die Einsicht in das elektronische Inhaltsverzeichnis des betreffenden Zeitschriftenheftes.

Tipp

→ Einige bibliografische Datenbanken enthalten zumindest einen Teil der in ihnen verzeichneten Aufsätze auch gleich als Volltexte – erkundigen Sie sich am besten bei Ihrer Hochschulbibliothek, ob für Ihr Fach solche Datenbanken verfügbar sind. Sie können so viel Zeit sparen!

Zunehmend stehen jedoch auch ganze Bücher online zur Verfügung – was oft nicht nur den Vorteil der sofortigen Zugänglichkeit mit sich bringt, sondern auch den der Durchsuchbarkeit. Das Angebot an elektronischen Büchern speist sich aus verschiedenen Quellen:

Elektronische Bücher (E-Books)

- **Aktuelle Bücher** (und teilweise auch etwas ältere Titel) werden von manchen Verlagen als sogenannte **E-Books** angeboten. Die von Ihrer Hochschulbibliothek lizenzierten oder erworbenen E-Books sind meist wie ganz normale Bücher über den Katalog zugänglich. Achtung: Wenn Ihre Bibliothek sowohl die gedruckte als auch die elektronische Ausgabe besitzt, finden Sie oft zwei verschiedene Datensätze im Katalog. Achten Sie in der Kurzanzeige auf die Kennzeichnung des Publikationstyps – hier werden Online-Dokumente meist mit speziellen Icons ausgewiesen (s. Kap. 2.6). Der Zugriff auf den Text erfolgt dann in der Regel über einen Link in der Vollanzeige. Die Bücher selbst liegen meist einfach in Form einer PDF-Datei mit den bekannten Möglichkeiten dieses Formats (speichern, drucken, durchsuchen etc.) vor. Seltener werden E-Books auch über ein eigenes E-Book-Portal präsentiert. Dieses wird dann auf der Website der Bibliothek eigens verlinkt und bietet spezielle Recherchemöglichkeiten nur im Bestand der elektronischen Bücher.
- **Ältere Bücher** – meist für den historisch-literarischen Bereich relevant – sind oft in großen öffentlichen Programmen oder als kommerzielles Produkt **digitalisiert** worden: ›Gallica‹ etwa (http://gallica.bnf.fr/), ein im Internet frei zugängliches Projekt der Bibliothèque Nationale de France in Paris, bietet Zugang zu über 90.000 historischen Büchern aus den verschiedensten Nationalliteraturen. Kommerzielle Produkte bieten teils noch größere Mengen digitalisierter Bücher an, oft auf einen historischen Zeitraum beschränkt: So sind z. B. über ›Early English Books Online‹ (EEBO; verfügbar

in den meisten deutschen Hochschulbibliotheken) über 100.000 der insgesamt ca. 125.000 zwischen 1473 und 1700 in Großbritannien erschienenen Bücher komplett digital verfügbar. Solche Angebote sind jedoch nur über Ihre Hochschulbibliothek zugänglich. Zudem enthalten sie die Bücher oft nicht als durchsuchbare Texte, sondern als grafisches Abbild des historischen Drucks.

- **Die Google Buchsuche** (http://books.google.com/) ist ein weiteres umfangreiches Angebot: Google arbeitet mit Bibliotheken und Verlagen weltweit zusammen, um immer mehr Bücher über diesen Dienst digital anbieten zu können. Hier können Sie Bücher im Originaldruckbild nutzen und durchsuchen. Das Angebot ist kostenfrei. Ein Nachteil ist, dass nur urheberrechtsfreie (meist ältere) Bücher vollständig verfügbar sind – aktuelle Bücher können Sie nur in Ausschnitten einsehen (und auch dies ist juristisch umstritten – Informationen hierzu finden Sie u. a. auf http://www.boersenverein.de/ und http://books.google.com/intl/de/googlebooks/about.html). Andere derzeitige Nachteile finden Sie z. B. unter http://languagelog.ldc.upenn.edu/myl/GoogBookSM.pdf beschrieben. Die Buchsuche ist jedoch für eine erste Durchsicht, z. B. im Hinblick auf die Eignung des Buches für die eigene Arbeit, durchaus nützlich.
- **Elektronische Versionen literarischer Texte** sind frei im Internet wie auch über kommerzielle Produkte (z. B. die Datenbank ›Literature Online‹) zu finden. Hierbei handelt es sich jedoch in den seltensten Fällen um verlässliche, zitierfähige Textausgaben. Die elektronisch verfügbaren Texte ersetzen meist nicht eine kritische Ausgabe, sind aber durch ihre Durchsuchbarkeit für die inhaltliche Analyse der Texte sowie für weitere spezifische Zwecke (z. B. korpuslinguistische Analysen) gut geeignet.

Darüber hinaus finden sich an vielen Hochschulen auch **verlagsunabhängige Publikationsserver**, auf denen Hochschulangehörige Dokumente aller Art (Reden, Aufsätze, Dissertationen etc.) als sogenannte ›**Open Access**‹-Publikationen (s. Kasten) verfügbar machen können. Für die in Deutschland auf diesem Weg publizierten **elektronischen Dissertationen** gibt es mit ›dissonline.de‹ (http://search.dissonline.de/) einen zentralen Suchservice.

›Open Access‹

Zum Begriff

> → **Open Access** steht für den unbeschränkten und kostenlosen
> Zugang zu wissenschaftlicher Information im Internet. Ziel der
> Open Access-Bewegung ist es, wissenschaftlichen Autor/innen
> durch den Abbau von Nutzungsbarrieren eine möglichst weite
> Verbreitung zu sichern. Ausgangspunkt der kontroversen Debatte
> über die Freiheit wissenschaftlicher Information war die sogenann-
> te ›Zeitschriftenkrise‹: Aufgrund der radikalen Preissteigerungen
> verschiedener Verlage können schon seit längerer Zeit an den
> Hochschulen immer weniger wissenschaftliche Zeitschriften abon-
> niert und zur Verfügung gestellt werden. Um die wissenschaftliche
> Kommunikation zu optimieren, werden daher immer mehr alterna-
> tive Publikationsmöglichkeiten entwickelt. Nähere Informationen
> zu den verschiedenen Strategien von Open Access finden Sie unter
> http://www.open-access.net/.

4. Informationen bewerten

Sie haben nun alle Empfehlungen der letzten Kapitel befolgt und eine Recherche mit sorgfältig ausgewählten Suchbegriffen in einem Bibliothekskatalog, in einer Datenbank oder einer Internet-Suchmaschine gestartet. Wahrscheinlich erhalten Sie zunächst eine große Anzahl von Suchergebnissen – vielleicht aber auch gar keinen Treffer, weil Sie sich vertippt haben. Oder Sie wundern sich, dass die Ergebnisse eventuell auf den ersten Blick wenig mit Ihrer Suchanfrage zu tun haben.

> → Verlassen Sie sich nie unbesehen auf die Ergebnisse Ihrer ersten Suchanfrage, insbesondere wenn sie Ihnen in einer Reihenfolge (Ranking) präsentiert werden, die Sie nicht verstehen. Sie wollen doch selber über den Nutzen Ihrer Ergebnisse entscheiden und diese Bewertung nicht automatisiert arbeitenden Suchmaschinen überlassen!

Tipp

Sichtung und Bewertung: Zu einer erfolgreichen Recherche gehört eine sorgfältige Sichtung und Bewertung der gefundenen Ergebnisse. Dazu sollten Sie Ihren gesunden Menschenverstand und Ihre kritische Urteilsfähigkeit einsetzen: Glauben Sie nicht alles, bloß weil es in einer Datenbank oder im Internet steht. Aber es gibt auch einige **erprobte Wege zur Informationsbewertung**, die wir Ihnen in diesem Kapitel vorstellen. Denken Sie daran, stets kritisch zu bleiben, denn laut Sokrates ist die Unwissenheit der »Nichtwissenden, welche glauben zu wissen« die »Ursache allen Übels« (Platon: *Alkibiades* I 118a). Soweit der kleine Ausflug in die Philosophie, nun zu den Qualitätskriterien.

4.1 | Relevanz und Vollständigkeit

Die Bewertung der Qualität eines Rechercheergebnisses hat durchaus auch eine subjektive Komponente: Brauchbar ist das, was Ihren momentanen Anforderungen entspricht. Das kann von Situation zu Situation unterschiedlich ein: Suchen Sie ein Thema für Ihre Dissertation, ist es entscheidend, dass Sie alle Informationen auf diesem Gebiet möglichst vollständig finden. Sonst stellen Sie eventuell erst nach jahrelanger Arbeit fest, dass genau zu diesem Thema schon zahlreiche wissenschaftliche Erkenntnisse vorliegen. Manchmal ist es aber vollkommen ausreichend, eine begrenzte, aber relevante und zuverlässige Information zu erhalten. **Was bedeuten diese Begriffe ›Relevanz‹ und ›Vollständigkeit‹** denn nun eigentlich genau? In der Informationswissenschaft gibt es dafür die Ausdrücke ›Precision‹ (Genauigkeitsquote) und ›Recall‹ (Trefferquote):

Zum Begriff

> → **Precision** ist die Zahl der gefundenen relevanten Informationen geteilt durch die Gesamtzahl der gefundenen Informationen.

Precision: Bei einer Literaturrecherche gibt die Precision also an, welcher Anteil der von Ihnen gefundenen Dokumente für Sie wirklich interessant ist. Weit gefasste, unscharfe Suchbegriffe führen eventuell zu sehr vielen Treffern, unter denen Sie die relevanten Ergebnisse noch herausfiltern müssen. Die Präzision ist daher gering – dafür kann der Recall hoch sein.

Zum Begriff

> → **Recall** ist die Zahl der gefundenen relevanten Informationen geteilt durch die Gesamtzahl der relevanten Informationen.

Der Recall ist also eine Kennzahl dafür, wie viele der insgesamt existierenden interessanten Dokumente Sie gefunden haben. Wirklich vollständig ist Ihr Rechercheergebnis, wenn Sie alles Relevante gefunden haben – der Recall ist dann 1. Eventuell enthält Ihre Treffermenge zwar sehr viele interessante Dokumente, die aber unter viel Ballast verborgen sind. Dann ist zwar der Recall groß, aber die Präzision gering. Ideal ist der Fall, dass Sie alle und nur die Sie interessierenden Dokumente finden, also Precision und Recall möglichst nahe bei 1 liegen. In der Praxis werden Sie aber in der Regel einen **Kompromiss** machen müssen – zumal Sie ja von vornherein gar nicht wissen, wie viele relevante Dokumente existieren. Die Abbildung zeigt den Zusammenhang zwischen Recall und Precision bei einer typischen Recherche: Eine enge, spezifisch formulierte Suchanfrage führt zu wenigen genauen Treffern. Wird die Suchanfrage breiter formuliert, sinkt die Genauigkeit, dafür steigt der Anteil relevanter Treffer.

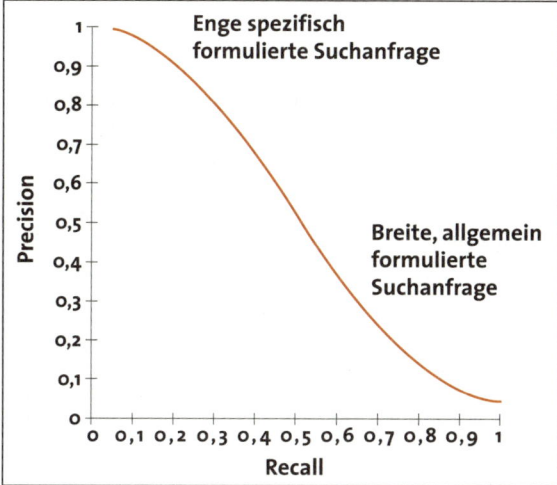

Wie gehen Sie also nun vor? Entscheiden Sie sich zunächst einmal, wo Ihre Priorität liegt: **Vollständigkeit oder Genauigkeit?** Dementsprechend wählen Sie Ihre erste Suchanfrage: Geht es Ihnen vor allem darum, überhaupt eine Literaturangabe oder eine Information zu finden, die möglichst genau Ihren Anforderungen entspricht, geben Sie eine sehr spezifisch formulierte Suchanfrage, die aus mehreren Suchbegriffen besteht, ein. Sie erhalten wenige Treffer, unter denen Sie das gewünschte Ergebnis leicht finden.

> ### Suchanfrage mit hoher Genauigkeit (Precision)
>
> Sie benötigen für eine Arbeit noch einen Literaturhinweis zur Auswirkung des Klimawandels auf die Schweizer Alpen. Ihre Suchanfrage
>
> ### ›Klimaänderung Schweizer Alpen‹
>
> im Bibliothekskatalog führt zu wenigen Treffern, die aber für ein passendes Zitat ausreichen. Doch können Sie nicht davon ausgehen, mit dieser Suchanfrage eine hohe Trefferquote zu erzielen und möglichst vollständig Literatur zum Klimawandel in den Alpen zu finden.

Wollen Sie zunächst einen umfassenden Überblick erhalten, welche Literatur und welche Informationen es zu einem Thema gibt, beginnen Sie mit einem weit reichenden Suchbegriff, der zu vielen Treffern führt, die Sie abarbeiten müssen.

71

Suchanfrage mit hoher Trefferquote (Recall)

Sie wollen sich einen Überblick über die Literatur zum Thema Klima-
wandel verschaffen. Ihre Suchanfrage

›Klimaänderung‹

im Bibliothekskatalog führt zu sehr vielen Treffern und Sie finden
sicher (fast) alle Literatur, die in der Bibliothek vorhanden ist. Nun
müssen Sie entscheiden, ob Sie alle Ergebnisse anschauen oder Ihre
Recherche eingrenzen möchten.

Geben Sie sich jedoch nie mit dem Ergebnis Ihrer ersten Suchanfrage
zufrieden. Erweitern oder verfeinern Sie Ihre Suchbegriffe solange, bis
Sie ein Gefühl dafür entwickelt haben, wie präzise und vollständig Ihre
Rechercheergebnisse sind.

Tipp

→ In einigen Bibliothekskatalogen können Sie aus einer Trefferliste
mit Hilfe von Auswahlmenüs Ergebnisse nach bestimmten Kriterien
wie Fachgebiet, Schlagwörtern, Erscheinungsjahr oder Publikationsform selektieren. Hier ein Beispiel aus dem Katalog der Universitätsbibliothek Eichstätt-Ingolstadt:

**Die Treffermenge
im Nachhinein
eingrenzen**

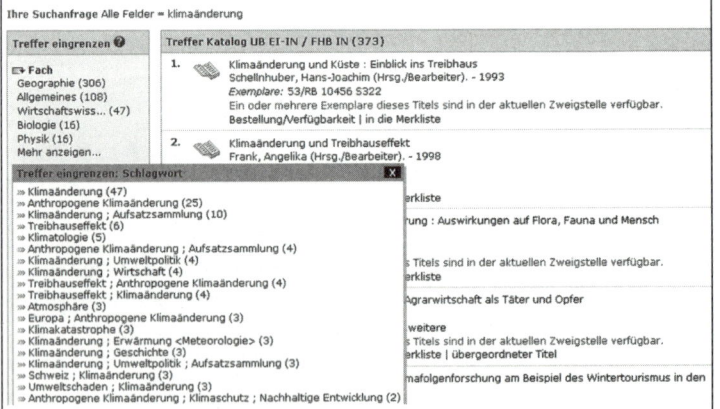

Nutzen Sie diese Möglichkeit, Ihre Suche direkt in der Trefferliste zu
verfeinern!

4.2 | Zuverlässigkeit

Ihr Sitznachbar im Bus zur Universität erzählt Ihnen, dass er ein neues Medikament erfunden habe. Nehmen Sie ihm das ohne Weiteres ab? Oder ein Unbekannter fragt Sie auf der Straße nach der PIN Ihrer EC-Karte, weil er von Ihrer Bank beauftragt sei, Ihr Konto zu überprüfen. Geben Sie ihm bedenkenlos Ihre persönlichen Daten? Vermutlich beantworten Sie beide Fragen mit einem klaren Nein. Genauso wenig sollten Sie aber auch Informationen aus dem Internet oder aus gedruckten Dokumenten ohne Nachdenken vertrauen. Wie können Sie aber die Zuverlässigkeit einer Quelle überprüfen? Einen absolut sicheren Schutz gegen Fehlinformationen, seien Sie unabsichtlich oder gezielt, gibt es nicht. Jedoch können Sie sich anhand einiger Qualitätskriterien orientieren:

Professionalität des Verfassers bzw. der herausgebenden Institution: Von wem stammt die gefundene Information? Ist der Verfasser überhaupt angegeben? Was hat die Person oder die Institution sonst noch veröffentlicht? In der Regel haben renommierte Institutionen interne **Verfahren zur Qualitätssicherung**, die zu einer hohen Vertrauenswürdigkeit führen. Doch auch hier kann Fälschung oder Betrug nie vollkommen ausgeschlossen werden.

> → Wenn Sie einmal einer Fehlinformation aufgesessen sind, trösten Sie sich mit dem Buch von Heinrich Zankl: *Fälscher, Schwindler, Scharlatane. Betrug in Forschung und Wissenschaft*. Weinheim: VCH-Wiley 2006.

Tipp

Verbreitung der Information: Finden sich auch in anderen unabhängigen Dokumenten dieselben Informationen? Suchen Sie stets in mehreren Quellen, also z.B. in verschiedenen Lexika und Internetquellen, und vergleichen Sie die gefundenen Informationen. Dabei müssen Sie natürlich darauf achten, dass die Verfasser nicht gegenseitig voneinander abgeschrieben haben.

Art der Information: Handelt es sich um eine Fachpublikation oder eher um eine informelle Publikation? Ist sie präzise, arbeitet sie mit strukturierten Methoden und belegt ihre Aussagen klar und im Detail? Versuchen Sie, die Intention des Verfassers zu erkennen. Will er wirklich objektiv informieren oder hat er eventuell ganz andere Interessen?

Akzeptanz der Information: Wird die Information auch von anderen verwendet? Wird die Publikation von anderen zitiert? Zitiert sie selbst verlässliche und solide Quellen? Suchen Sie auch nach Zitierungen, um z.B. die Relevanz von Aufsätzen in wissenschaftlichen Fachzeitschriften zu überprüfen. Mit ›ISI Web of Knowledge‹, ›Science Citation Index‹, ›Social Sciences Citation Index‹ und ›Arts & Humanities Citation Index‹

sowie ›Scopus‹ existieren umfangreiche bibliografische Datenbanken, die Ihnen erlauben nachzuverfolgen, wer wen zitiert. Prüfen Sie, ob die Bibliothek Ihrer Hochschule eine Lizenz dieser Datenbanken erworben hat. Frei im Netz bietet Google Scholar (**http://scholar.google.de**) die Möglichkeit, nach zitierenden Publikationen zu suchen.

Aktualität der Information: Ist der Stand der Information angegeben? Wird sie regelmäßig überarbeitet und aktualisiert? Wissenschaft entwickelt sich weiter, Informationen können veralten oder nicht mehr den vollständigen Stand wiedergeben. Überprüfen Sie stets, wann die Information veröffentlicht wurde und ob es neuere Erkenntnisse gibt, die sie bestätigen, ergänzen oder widerlegen.

4.3 | Qualitätskriterien

Angenommen, Sie stehen vor einer wichtigen Entscheidung und Sie fragen Ihre Freunde und Bekannten um Rat. Dann holen Sie doch sicher Meinungen und Auskünfte von mehreren Personen ein, wägen sie gegeneinander ab und **bewerten** sie auch unterschiedlich, je nachdem wie hoch Sie die **Kompetenz der Befragten** einschätzen. Und vielleicht fragen Sie Ihre Ratgeber auf verschiedene Weise, um sie nicht vorher schon zu beeinflussen? Diese Vorgehensweisen sollten Sie auch bei der Suche nach Informationen aus Datenbanken oder aus dem Internet anwenden.

Methoden der Qualitätskontrolle

- Suchen Sie in mehreren Datenbanken!
- Verwenden Sie unterschiedliche Quellen!
- Variieren Sie Ihre Suchanfragen!
- Vergleichen Sie Ihre Ergebnisse!

An dieser Stelle stoßen Sie sicherlich auf die Frage, wie Sie **die Vertrauenswürdigkeit von frei zugänglichen Websites** im Vergleich zu von Ihrer Hochschule lizenzierten Online-Ressourcen und zu gedruckten Publikationen einschätzen sollten. Auch hierfür lassen sich einige Kriterien zusammenstellen:

Qualitätskriterien für Internetquellen

→ Ist auf der Website klar erkennbar, welche Person oder Institution sie verfasst hat? Gibt es auf ihr weitere Informationen über sie? Kennen Sie die Person oder Institution aus anderen Zusammenhängen als vertrauenswürdig und verlässlich? Sind Kontaktadressen angegeben?

→ Welche Interessen haben die Verfasser der Website? Wollen Sie durch die Veröffentlichung von Informationen ein bestimmtes Ziel erreichen, eventuell daraus sogar einen wirtschaftlichen Gewinn ziehen, oder dient die Publikation rein der wissenschaftlichen Information?

→ Wird zwischen Fakten und Interpretationen oder Meinungen klar getrennt?

→ Ist auf der Website angegeben, wann sie erstellt oder aktualisiert wurde? Bezieht sich das Erstellungs- oder Aktualisierungsdatum tatsächlich auf die in ihr enthaltenen Daten oder wurden eventuell nur das Aussehen oder unwesentliche Teile geändert?

→ Wie ausführlich und detailliert behandelt die Website das für Sie relevante Thema?

→ Sind der sprachliche Stil und die Rechtschreibung korrekt?

Je mehr dieser Fragen Sie eindeutig beantworten können, desto klarer wird Ihr Eindruck von den Informationen auf der Website.

→ Sehr kritisch sollten Sie sein, wenn als Verfasser einer Website nur ein einziger Name angegeben ist, den Sie nicht mit einer Institution wie z.B. einer Universität oder einem Forschungsinstitut in Verbindung bringen können. Suchen Sie sich in einem solchen Fall eher eine andere Informationsquelle!

→ Seien Sie vorsichtig, wenn die Sie interessierende Information nur als Randbemerkung auftaucht. Eventuell ist der Verfasser auf diesem Gebiet kein Experte oder hat nicht wirklich umfassend recherchiert.

Web 2.0: In den letzten Jahren sind im Rahmen der Weiterentwicklung des Internets zum ›Web 2.0‹ neue Informations- und Recherchemöglichkeiten in Form von sozialen Netzwerken entstanden, die allerdings noch uneinheitlich bewertet werden und die wir Ihnen deshalb gesondert vorstellen.

Zum Begriff

Unter dem Schlagwort → **Web 2.0** werden Internetanwendungen zusammengefasst, bei denen die Nutzer/innen nicht nur Websites konsumieren, sondern sich auch aktiv an der Erstellung, Erschließung und Bewertung von Informationen beteiligen und sich dabei untereinander vernetzen. Beispiele sind Wikis, Weblogs oder ›Soziale Lesezeichen‹ (Social Bookmarks).

Das bekannteste Beispiel für eine Anwendung im Web 2.0 ist die Internet-Enzyklopädie **Wikipedia** (http://de.wikipedia.org). Die Artikel in Wikipedia werden nicht von ausgewählten Experten wie bei gedruckten Enzyklopädien (z.B. Brockhaus oder Meyer) verfasst: Jeder kann sich hier zum Experten erklären und Einträge vornehmen oder korrigieren. Die Qualität wird also nicht durch die Kompetenz eines einzelnen Verfassers garantiert, sondern durch die Vielzahl der beteiligten Personen, deren Kenntnisse sich gegenseitig ergänzen und die eventuelle Fehler oder Ungenauigkeiten korrigieren. Wegen der großen Zahl der Beteiligten finden Sie in Wikipedia sehr leicht Informationen zu fast allen Stichworten. Aber Vorsicht: Gerade dadurch ist eine solche **kollaborativ erstellte Enzyklopädie** natürlich auch besonders anfällig für einseitig gefärbte oder sogar bewusst falsche Informationen.

Artikel in Wikipedia sind also immer sehr gut zu verwenden, wenn Sie **aktuelle Informationen** benötigen, die noch nicht in den traditionellen Enzyklopädien oder auf institutionellen Websites verzeichnet sind. Verzichten Sie daher nicht auf diese Informationsquelle, aber seien Sie **besonders kritisch** und versuchen Sie, alle hier gefundenen Informationen zu verifizieren.

Tipp

Gehen Sie auch den umgekehrten Weg: Prüfen Sie, ob von Ihnen gefundene Informationen z.B. in Diskussionsforen oder sozialen Netzwerken diskutiert und bewertet werden.

Nicht verschweigen möchten wir, dass derzeit Zitate aus Wikipedia in studentischen Arbeiten von den Dozent/innen **sehr unterschiedlich beurteilt** werden. Fragen Sie also nach, was Ihr Dozent von Wikipedia hält. Auf keinen Fall aber sollten Sie sich nur auf Wikipedia verlassen!

4.4 | Der Impact-Faktor

Wenn es um die **Bewertung von wissenschaftlichen Leistungen** – insbesondere in naturwissenschaftlichen, technischen oder medizinischen Fachgebieten – geht, wird sehr oft der **Impact-Faktor** als Kriterium herangezogen. Er gibt an, wie oft ein Artikel einer wissenschaftlichen Zeitschrift in den letzten beiden Jahren im Durchschnitt zitiert worden ist.

Der → **Impact-Faktor** einer Zeitschrift eines Jahres ist das Verhältnis der Zahl der Zitate von Artikeln aus den vergangenen zwei Jahren zur Gesamtzahl der Artikel in dieser Zeitschrift in den vergangenen zwei Jahren. Hat also eine Zeitschrift in den Jahren 2007 und 2008 zusammen 100 Artikel veröffentlicht, die im Jahr 2009 insgesamt 200 mal zitiert wurden, so hat diese Zeitschrift im Jahr 2009 den Impact-Faktor 2: Jeder Artikel der beiden vergangenen Jahre wurde durchschnittlich 2 Mal zitiert.

Zum Begriff

Den Impact-Faktor einer Zeitschrift finden Sie zusammen mit weiteren Parametern wie der sogenannten Halbwertszeit (›cited half life‹, der Zeitraum, in der die durchschnittliche Anzahl der Zitierungen auf die Hälfte abgesunken ist) in der kostenpflichtigen Datenbank ›**Journal Citation Reports**‹. Prüfen Sie, ob Ihre Hochschule diese Datenbank lizenziert hat.

Aus der Definition wird klar, dass sich der Impact-Faktor ausschließlich auf eine Zeitschrift bezieht und **keinesfalls die Qualität eines einzelnen Aufsatzes** beschreibt. Trotzdem spielt er oft eine wichtige Rolle: Wissenschaftler/innen, die in Zeitschriften mit hohen Impact-Faktoren publizieren, genießen eine hohe Reputation, die z. B. bei Berufungsverfahren wichtig ist.

→ Der Impact-Faktor gibt keine Auskunft über die Zitierhäufigkeit von Arbeiten einer einzelnen Person. Diese Zitationsrate wird analog im sogenannten ›Science Impact Index‹ definiert.

Tipp

Die Bedeutung des Impact Faktors – und noch mehr die des Science Impact Index – ist durchaus **umstritten**, zumal ja nur Zitate gezählt werden und Inhalte nicht in die Bewertung eingehen. Der Impact-Faktor wird nicht für alle Zeitschriften ermittelt, sondern nur für diejenigen, die in entsprechenden Datenbanken ausgewertet werden. Englischsprachige Zeitschriften haben damit einen deutlichen Vorteil. Selbstzitate werden zudem nicht herausgefiltert, und die Beschränkung auf zwei

Jahre bevorzugt Zeitschriften, die vorwiegend Artikel über kurzlebige Themen veröffentlichen.

> Auch Suchmaschinen benutzen bei ihren Ranking-Verfahren Algorithmen, die auf der Zitierhäufigkeit der Webseiten, also auf der Anzahl von Links, die auf diese Seite verweisen, beruhen.

Peer Review: Als weiteres wichtiges Kriterium für die Qualität wissenschaftlicher Zeitschriften gilt, ob die Artikel vor der Veröffentlichung einem **Gutachterverfahren (›peer review‹)** unterworfen werden. Dazu leitet der Herausgeber eingereichte Artikel an anonym bleibende Gutachter/innen weiter, die die Aktualität, Originalität und Plausibilität der Arbeit prüfen und auf dieser Grundlage ihre Annahme oder Ablehnung empfehlen. Zeitschriften mit großem Ansehen in ihren Fachgebieten rühmen sich oft eines sehr strengen Begutachtungsverfahrens, in dem ein Großteil der eingereichten Arbeiten abgelehnt wird. Allerdings steht auch das traditionelle Begutachtungswesen in der Kritik: Neue und unkonventionelle Forschungsansätze werden oft negativ beurteilt, zumal von Gutachtern, die mit ihrer eigenen Forschung in Konkurrenz stehen. Alternativen, die die Möglichkeiten des Web 2.0 oder auch Nutzungsstatistiken benutzen, konnten sich aber bisher nicht durchsetzen.

4.5 | Der vollständige Rechercheprozess

Das zuerst gefundene Ergebnis ist selten schon das Beste. Dozent/innen stellen oft fest, dass einige Studierende nur die ersten von Suchmaschinen oder in Datenbanken gefundenen Treffer in die Literaturliste ihrer Arbeiten übernehmen. Die Folge ist eine eigentlich unnötige Absenkung der Benotung. Sie wissen es nun besser: Die kritische Bewertung der gefundenen Informationen ist **der letzte Schritt Ihrer Recherche – und ein sehr wichtiger**. Wenn Sie das Gewünschte und Benötigte gefunden haben, geht es für Sie ›nur noch‹ um die **Verwendung und Weiterverarbeitung** – und Sie gehen zum 5. Kapitel dieses Buches. Haben Sie aber festgestellt, dass Sie

- noch nicht die passenden Informationen,
- noch nicht alle benötigten Informationen oder
- keine gesicherten, qualitätsvollen und vertrauenswürdigen Informationen

gefunden haben, müssen Sie ein paar Schritte zurückgehen und **den Prozess** (in schwierigen Fällen mit externer Hilfe, z. B. aus Ihrer Bibliothek) **wiederholen**, bis Sie geeignete Informationen gefunden haben:

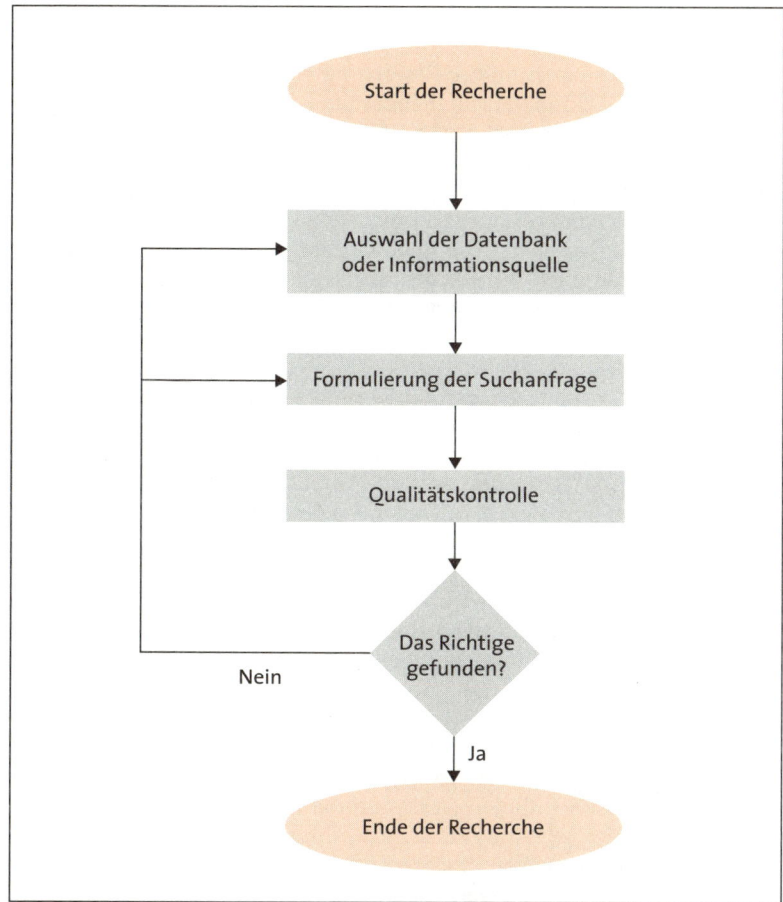

Modell des
Recherche-
prozesses

Die Sichtung der gefundenen Literatur ist ein zentrales Element des Rechercheprozesses. Spannend klingende Titel führen oft in die Irre, Bücher oder Artikel erweisen sich in vielen Fällen als nicht relevant (z. B. wenn das Buch einer anderen Fachrichtung entstammt als der Titel andeutet), zu speziell (häufig ist die Spezialisierung eines Buches erst im Untertitel sichtbar) oder qualitativ nicht akzeptabel (beispielsweise, wenn sich erst auf den zweiten Blick zeigt, dass es sich bei dem Buch um eine selbstpublizierte Abschlussarbeit handelt). Damit Sie so viele irrelevante Schriften wie möglich bereits vor der Beschaffung von Ihrer Liste streichen können, bieten Ihnen viele bibliografische Datenbanken inhaltliche Kurzzusammenfassungen, sogenannte **Abstracts**, an (vgl. http://de.wikipedia.org/wiki/Abstract). Nutzen Sie diese Möglichkeit, um schnell die relevante Literatur herauszufiltern – dies ist besonders angesichts des Zeitdrucks im Studium empfehlenswert.

Sichtung
der Literatur

4.6 | Auf dem Laufenden bleiben

Abgleich der
Information mit
aktuell erschei-
nender Literatur

Eine der wichtigsten Arten der Bewertung vorhandener Information ist der Abgleich mit aktuell erscheinender Literatur. Gerade während einer längeren Arbeit ist es von großer Bedeutung, auf dem Laufenden zu sein, um auch die neuesten Artikel in die eigene Argumentation einbauen und auf der Basis des bereits Bekannten einordnen zu können. Nur wie kommt man an die entsprechenden Informationen? Natürlich können Sie in Schaufenster von Buchhandlungen schauen, und das eine oder andere gute Buch wird Ihnen auch der Sitznachbar in der Vorlesung empfehlen. Es lohnt sich jedoch, methodischer vorzugehen – einige wichtige Formen der wissenschaftlichen ›current awareness‹ wollen wir Ihnen hier vorstellen:

Neuerscheinungsdienste des Buchhandels: Im Buchbereich gibt es zunächst die allgemeinen Neuerscheinungsdienste des Buchhandels. NewBooks (http://www.newbooks.de/) bietet Ihnen beispielsweise eine nach Fächern und Fachteilen gegliederte Übersicht der wissenschaftlichen Neuerscheinungen an. Sollten für Sie nur ein oder zwei wichtige Verlage in Frage kommen, ist auch ein Abonnement von Verlags-Newsletters möglich. Nachteil bei all diesen Diensten ist jedoch: Es sind jede Menge Vorankündigungen enthalten, also Bücher, die von den Verlagen angekündigt werden, aber noch (längst) nicht erschienen sind – in vielen Fällen erscheinen Bücher deutlich nach dem angekündigten Datum, manchmal auch gar nicht. Und: Was nützt es Ihrer Bachelor-Arbeit, wenn Sie wissen, dass in zwei Jahren ein Buch zu Ihrem Thema erscheint? Als Ergänzung sind diese Dienste jedoch durchaus zu gebrauchen.

Neuerwerbungslisten der Bibliotheken: Verlässlicher als das Vorgehen nach Neuerscheinungen ist das Studium der Neuerwerbungen der Bibliotheken. Vielfach sind die Neuerwerbungen Ihrer Bibliothek in einem eigenen Regal aufgestellt – hier lohnt der Blick im Vorbeigehen! Vor allem aber stellen die meisten großen Bibliotheken elektronische, nach Fächern gegliederte Neuerwerbungslisten zur Verfügung – meist findet sich ein Hinweis hierzu auf der Homepage. Sehr hilfreich können auch die Neuerwerbungslisten der großen Staatsbibliotheken und vor allem der **Sondersammelgebietsbibliotheken** sein (s. Kap. 3.2). Kommt es auf Breite an, lässt sich auch in den Katalogen der **Nationalbibliotheken** (z. B. der Deutschen Nationalbibliothek, http://www.d-nb.de/) nach Publikationen des laufenden Jahres recherchieren. Für manche Länder lohnt auch ein Blick in die laufend erscheinende **Nationalbibliografie** (z. B. die zweiwöchentlich erscheinende und nach Fächern gegliederte ›Bibliographie Nationale Française‹, http://bibliographienationale.bnf.fr/).

Rezensionszeitschriften: Eine wichtige und auch von Wissenschaftlern intensiv genutzte Informationsquelle über neu erschienene Sekundärliteratur sind (gedruckte oder elektronische) Rezensionszeitschriften sowie die Rezensionsteile wissenschaftlicher Fachzeitschriften. **Bekannte Online-Rezensionszeitschriften** sind z. B.:

- ›Sehepunkte‹ (Fach: Geschichte; http://www.sehepunkte.de/),
- ›IASL online‹ (Fach: Germanistik; http://www.iaslonline.de/),
- ›Literaturkritik.de‹ (Fach: Literaturwissenschaft; http://www.literaturkritik.de/),
- ›r:k:m‹ (Fach: Kommunikationswissenschaft; http://www.rkm-journal.de/) oder
- ›querelles.net‹ (Fach: Gender Studies; http://www.querelles-net.de/).

Online-
Rezensions-
zeitschriften

Suchen Sie Rezensionen zu einem bestimmten wissenschaftlichen Werk, hilft Ihnen die ›IBR‹: die ›**Internationale Bibliographie der Rezensionen**‹, die die meisten Hochschulbibliotheken elektronisch anbieten. Einen Überblick über das in einzelnen Fächern Erscheinende bieten auch sogenannte **Referatenorgane** bzw. Referateblätter, (meist gedruckte) Zeitschriften also, die die Neuerscheinungen eines Gebiets in kurzen Zusammenfassungen oder Essays auflisten und beschreiben. Beispiele sind:

- Germanistik (http://www.degruyter.de/journals/germ/detail.cfm)
- The Year's Work in English Studies (http://ywes.oxfordjournals.org/).

Im Aufsatzbereich stehen andere Informationsquellen zur Verfügung: Auch hier gibt es in den meisten Bibliotheken die Möglichkeit, jeweils die neuesten Nummern aller laufenden Zeitschriften in einem separaten Regal, der sogenannten **Zeitschriftenauslage**, durchzusehen. Diesen Service gibt es jedoch vielfach auch in elektronischer Form: Manche Fachzeitschriften bieten das kostenlose Abonnement der **elektronischen Inhaltsverzeichnisse** der neu erscheinenden Nummern an – die Inhaltsverzeichnisse werden Ihnen dann per E-Mail zugeschickt. Teilweise werden solche Mailing-Dienste auch zentral organisiert, etwa von der zuständigen Sondersammelgebietsbibliothek, die die Inhaltsverzeichnisse der wichtigsten Fachzeitschriften eines Faches elektronisch bereitstellt und versendet (Beispiel Biowissenschaften: ›myCCBio: My Current Contents Biology‹, http://mycc.hebis.de/mycc/myCCBio/mycc-start.html). Ein anderes Angebot dieser Art ist das Browsing in aktuellen Inhaltsverzeichnissen über Dienste wie den Inhaltsverzeichnisdienst des Bibliotheksverbunds Bayern (http://bvba2.bib-bvb.de/inhaltsverzd_suche.html), der Ihnen eine Übersicht über mehr als 20.000 Zeitschriften bietet!

Inhaltsverzeichnis-
se der wichtigsten
Fachzeitschriften

Benachrichtigungsdienste: Viele bibliografische Datenbanken (und auch Bibliothekskataloge) bieten mittlerweile ebenfalls Benachrichtigungsdienste (auch ›Alerts‹ genannt) an: Haben Sie einen solchen (kostenlosen) Dienst abonniert, werden Sie sofort oder in bestimmten definierten Rhythmen über die neu in der Datenbank verzeichneten Publikationen zu Ihrem Thema bzw. zu Ihrer Suchanfrage informiert. In einer Reihe von Datenbanken ist dieser Dienst auch als ›RSS-Feed‹ (zur Definition vgl. http://de.wikipedia.org/wiki/RSS) verfügbar, d.h. Sie können sich direkt in Ihrem Browser über Neuerscheinungen zu Ihrem Thema informieren.

Preprint-Server   In manchen Fächern spielen neben Zeitschriften und Büchern auch noch frei über das Internet zugängliche (›open access‹) Publikationsserver eine zentrale Rolle in der wissenschaftlichen Informationsversorgung (s. Kap. 3.4). Solche Server, die meist von größeren Bibliotheken und anderen Institutionen betrieben werden, bieten Ihnen häufig **Übersichten der kürzlich eingestellten Dokumente** an – bei manchen (wie dem für die Physik zentralen Preprint-Server http://arxiv.org/) lässt sich dies sogar für die einzelnen Fachteile und Forschungsrichtungen nachsehen.

5. Informationen weiterverarbeiten

5.1 | Export von Suchergebnissen

Nehmen wir an, Sie sind bei der Literaturrecherche in verschiedenen Datenbanken fündig geworden sind und haben kritisch geprüft, welche Quellen Sie für Ihre eigene Arbeit verwenden möchten. Als nächstes müssen Sie die Ergebnisse dieses Prozesses festhalten und so dokumentieren, dass Sie bei Ihrer weiteren wissenschaftlichen Arbeit mit möglichst wenig Aufwand darauf zugreifen können.

Zweck der Speicherung: Überlegen Sie dazu vorab, zu welchem Zweck Sie die jeweiligen Angaben später noch benötigen werden. Vielleicht denken Sie in dem Moment, in dem Sie ein interessantes Buch in der Ergebnisliste Ihres Bibliothekskatalogs ausmachen, zunächst nur an eine **Notiz, die Ihnen beim Gang in die Bibliothek das Auffinden ermöglicht** – zu diesem Zweck ist es natürlich am einfachsten, die Seite mit den betreffenden Angaben rasch auszudrucken. Was aber, wenn Sie das Buch dann wirklich für Ihre wissenschaftliche Arbeit auswerten und sich darauf beziehen möchten? Spätestens jetzt benötigen Sie die vollständigen bibliografischen Angaben in Form eines gespeicherten elektronischen Textes, den Sie für **Ihre Quellenangaben und Ihre Bibliografie** beliebig oft in den eigenen Text einfügen und anpassen können (s. Kap. 5.2).

Selbst wenn sich bei der Lektüre herausstellt, dass das Buch für Ihre aktuelle Fragestellung doch nicht hilfreich ist und Sie es nicht zitieren werden, kann es sinnvoll sein, die Quellenangabe **für Ihre internen Unterlagen** mit einer entsprechenden Notiz dauerhaft zu speichern. Oft trifft man einige Semester später noch einmal auf ein ähnliches Thema, zu dem das Buch nun genau passen würde – nichts ist ärgerlicher, als in diesem Moment stundenlang nach der Quelle zu suchen, an die Sie sich doch inhaltlich noch so gut erinnern können! Wenn Sie vom Beginn Ihres Studiums an die gesichtete und ausgewertete Literatur konsequent dokumentieren und auch Literaturlisten aus Seminaren einarbeiten, haben Sie am Ende bei Ihrer Abschlussarbeit nicht nur die Technik der Literaturverwaltung bereits bestens im Griff, sondern behalten auch den **Überblick über die früheren und aktuellen Lektüren**, aus denen sich Ihr Wissen um das Thema speist. Dies ist auch für das Examen äußerst

Suchergebnisse speichern und weiterverarbeiten

hilfreich. Beim Aufbau einer solchen eigenen Literaturdatenbank unterstützt Sie eine Literaturverwaltungssoftware (s. Kap. 5.3).

Art der Speicherung: Der Zweck, zu dem Sie die Ergebnisse Ihrer Suche weiter verwenden möchten, entscheidet also darüber, auf welche Art Sie sie aus der Datenbank, in der Sie sie gefunden haben, ausgeben lassen. Die meisten modernen Datenbanken unterstützen prinzipiell vier Ausgabeformen: **Drucken, Speichern, Versand per E-Mail** und **Export** für eine Literaturverwaltungssoftware. Was ist dabei jeweils zu beachten?

Das Drucken ist sicher die einfachste Art, die Ergebnisse einer Datenbankrecherche auszugeben, und für eine nur vorübergehend benötigte Notiz gut geeignet. Im Prinzip können Sie zum Drucken eines gerade angezeigten Ergebnisses natürlich die Druckfunktion Ihres Browsers verwenden. Dann wird allerdings meist der komplette Inhalt der angezeigten Webseite (einschließlich irrelevanter Teile wie Menüs, Bildelemente etc.) ausgegeben, und das Layout wird oft verschoben, so dass die Lesbarkeit der Informationen beeinträchtigt ist. Deshalb bieten fast alle Datenbanken auch eine eigene Druckfunktion an, die eine komfortablere und qualitativ bessere Ausgabe ermöglicht. Hier können Sie in der Regel direkt aus der Ergebnisliste die gewünschten Treffer auswählen. Über den Druckbutton gelangen Sie dann meist zu einer Seite, auf der Sie das Format der Literaturangaben in der gedruckten Liste anpassen und/oder eine Voransicht des Ergebnisses einsehen können. Als Formate werden neben einem Kurz- und einem Detailformat (s. auch Kap. 2.6) manchmal auch spezielle Formate angeboten, die den Konventionen eines bestimmten Zitierstils entsprechen (s. Kap. 5.2).

Auswahl von Zitierstilen beim Ausdruck

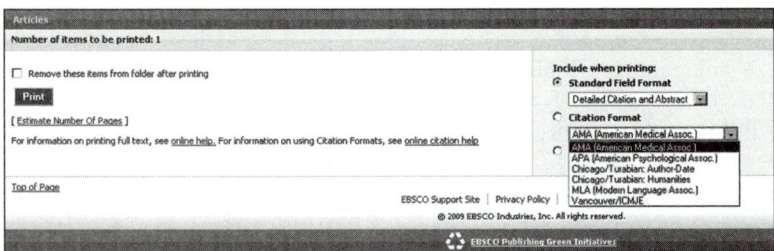

Speichern und Versand per E-Mail: Die Formate des Listendrucks stehen normalerweise auch für die Ausgabeoptionen Speichern und Mail-Versand zur Verfügung. Daher sind diese Funktionen in vielen Datenbanken unter Bezeichnungen wie ›Ausgabe‹, ›Export‹ oder ›Speichern/Drucken‹ kombiniert. Bei der Ausgabe in elektronischer Form wird anstelle der gedruckten Liste eine Datei erzeugt, die Sie auf einem lokalen Datenträger (der Festplatte des PCs, an dem Sie gerade arbeiten, oder einem eingesteckten USB-Stick) speichern können bzw. die an eine automatisch generierte E-Mail angehängt wird. Deshalb ist neben dem Format für die Gestaltung der Literaturangaben hier außerdem ein Dateiformat

84

auszuwählen. Angeboten werden neben einem reinen Textformat (Dateiendung .TXT) häufig das DOC-, das RTF- und das PDF-Format.

Zur Vertiefung

Was leisten die unterschiedlichen Dateiformate?
Eine reine Textdatei können Sie mit jedem Editor und jedem Textverarbeitungsprogramm öffnen und per ›Copy and Paste‹ ganz oder teilweise in jede beliebige Anwendung übertragen. Das Format ist also sehr flexibel – hat aber den Nachteil, dass Merkmale wie Kursivschreibungen oder Unterstreichungen, die durch die Einstellung eines bestimmten Zitierstils vorgegeben sein können, nicht mit gespeichert werden. Dies ist nur bei erweiterten Textformaten möglich, die dann allerdings an ein oder mehrere Textverarbeitungs- oder Anzeigeprogramme gebunden sind. Das flexibelste dieser erweiterten Formate ist das RTF-Format, das neben Microsoft Word auch von vielen anderen Textverarbeitungsprogrammen (auch unter Macintosh) unterstützt wird. Das DOC-Format entspricht dem originären Speicherformat von Microsoft Word – allerdings kann es auch von manchen alternativen Programmen (wie z. B. Open Office) gelesen und weiterverarbeitet werden. Das PDF-Format ist im Gegensatz zu den übrigen ein reines Anzeigeformat, das nicht für die Weiterverarbeitung geeignet ist, sondern die dauerhafte Speicherung einer gegebenen Liste ermöglicht, die dann jederzeit wieder in der gleichen Form ausgedruckt oder weitergegeben werden kann.

Export: Immer häufiger ist in bibliografischen Datenbanken neben den bisher beschriebenen Ausgabemöglichkeiten auch der Export für eine Literaturverwaltungssoftware realisiert. Da die verschiedenen Literaturverwaltungsprogramme mit unterschiedlichen Datenformaten arbeiten, finden Sie auch hier wieder eine Reihe von Auswahlmöglichkeiten für das Format der Exportdatei, die Sie auf Ihrem lokalen Datenträger abspeichern und anschließend in die entsprechende Literaturverwaltung importieren können. Relativ weit verbreitet ist das Format RIS, das von vielen Literaturverwaltungssystemen verarbeitet werden kann. Daneben gibt es softwarespezifische Formate wie z. B. .END (für Endnote) oder .BIB (für BibTeX). Einige Datenbanken bieten auch einen Direktexport in bestimmte Literaturverwaltungsprogramme an. Hier werden die ausgewählten Datensätze ohne den Umweg über eine gespeicherte Datei direkt aus der Quelldatenbank in die Literaturverwaltung übernommen. Dort können sie sofort abgespeichert und weiter bearbeitet werden.

Egal, ob Sie Ihre Literaturdaten in einer Word-Datei oder in einer Literaturverwaltungssoftware gespeichert haben – am Ende werden Sie die Angaben in der Regel benötigen, um sie als Quellenangabe zu einem Zitat in einer wissenschaftlichen Arbeit einzufügen. Warum ist das notwendig, und was müssen Sie dabei beachten?

5.2 | Zitieren

Zitat und Wissenschaftskultur: Eine wissenschaftliche Arbeit existiert nicht im luftleeren Raum, sondern setzt u. a. voraus, dass sich der Autor in der wissenschaftlichen Diskussion zum Thema positioniert, d. h. sich mit den Thesen vorangegangener Autoren auseinandersetzt und deutlich macht, wie weit er sich ihnen anschließt, sie kritisiert oder über sie hinausgeht. Jeder Wissenschaftler ist in diesem Sinne ein ›**Zwerg auf den Schultern von Riesen**‹ – denn wissenschaftliche Leistung beruht normalerweise nicht auf absoluter Originalität, sondern zu einem großen Teil auf kritischer Verarbeitung dessen, was Generationen früherer Forscher erarbeitet haben.

Zitieren = Nachprüfbar machen

Deshalb wird auch von Ihnen erwartet, dass Sie die einschlägige Forschungsliteratur zu Ihrem Thema (die sogenannte Sekundärliteratur) mehr oder weniger umfangreich rezipieren und sich in Ihrem eigenen Text darauf beziehen – in Form eines wörtlichen Zitats oder einer sinngemäßen Übernahme (Paraphrase). Außerdem verwenden Sie vielleicht Primärquellen (z. B. Statistiken, historische Dokumente oder literarische Texte), die Sie ebenfalls nicht selbst erhoben bzw. verfasst haben. In beiden Fällen muss für die Leser/innen nachvollziehbar sein, woher die jeweilige Information stammt, so dass sie ihre Information gegebenenfalls nachprüfen und in ihren ursprünglichen Kontext setzen können (vgl. DFG 1998).

Damit dies ohne langes Suchen möglich ist, geben Sie bei jedem wörtlichen Zitat und bei jeder Paraphrase fremder Inhalte die Fundstelle möglichst präzise an (s. Kap. 1.2) und führen alle verwendeten Quellen am Ende noch einmal übersichtlich und in alphabetischer Reihenfolge in einer Bibliografie auf. Dies gilt übrigens nicht nur für die klassischen Publikationsformen wie Monografien und Zeitschriftenaufsätze, sondern ebenso für elektronische Dokumente, die Sie nach kritischer Evaluierung als zitierfähig eingestuft (s. Kap. 4.2) und in Ihrer Arbeit verwendet haben.

Zitierstil

Formale Gestaltung von Zitaten: Die genaue Form der Literaturangaben im Text und in der angehängten Bibliografie wird durch den **Zitierstil** festgelegt. In der Regel erhalten Sie vor dem Verfassen der ersten Arbeit von Ihrem Dozenten ein Formblatt oder eine Anleitung, das den vom jeweiligen Lehrstuhl oder Fachbereich empfohlenen Zitierstil detailliert beschreibt. Oft handelt es sich dabei um vereinfachte Formen offizieller Zitierstile, die von bekannten Fachzeitschriften oder wichtigen Fachgesellschaften verwendet und gepflegt werden. Eine sehr umfangreiche Zusammenstellung von Zitierstilen mit Link zu den online verfügbaren Dokumentationen finden Sie unter http://www.endnote.com/support/enstyles.asp. Sollte in Ihrer Anleitung irgendetwas unklar oder gar nicht beschrieben sein, kann ein Blick in die Beschreibung eines offiziellen Zitierstils manchmal eine Anregung geben, welche Elemente in die Literaturangabe gehören und wie sie anzuordnen sind.

Beispiel

Wie zitiere ich neue Publikationsformen?

Gerade ganz neue Publikationsformen wie Blogs oder Online-Konferenzen sind in den üblichen Formblättern oft noch nicht beschrieben. In einer Arbeit über ›Die Sprache des Internets‹ möchten Sie aus dem Blog ›politik-digital.de‹ einen Kommentar von Patrick Brauckmann zum Artikel »SPD-Wahlkampf: Das Herz schlägt online« von Sebastian Gievert (http://www.politik-digital.de/spd-online-wahlkampf-kampagne) zitieren. Auf Ihrem Formblatt sind jedoch nur Hinweise für das Zitieren ›normaler‹ Webseiten zu finden: Autorname, Vorname (Publikationsdatum): *Titel der Seite*, [online] URL [Abrufdatum].

Beispiel:
Döbeli Honegger, Beat (2005): Beats Biblionetz, [online]
http://beat.doebe.li/bibliothek/w00542.html [05.08.05].

Wie ist nun ein einzelner Kommentar in Ihrem Blog zu behandeln? Im Chicago-Style Citation Quick Guide (http://www.chicagomanualofstyle.org/ tools_citationguide.html) findet sich folgendes Beispiel für einen solchen Fall:

Peter Pearson, comment on »The New American Dilemma: Illegal Immigration,« The Becker-Posner Blog, comment posted March 6, 2006, *http://www.becker-posner-blog.com/archives/2006/03/the_new_america.html#c080052* (accessed March 28, 2006).

Angepasst an Ihre Vorgaben ergäbe sich daraus eine Angabe wie die folgende:

Brauckmann, Patrick (08.01.2009): Kommentar zu »SPD-Wahlkampf: Das Herz schlägt online«, *politik-digital.de [online] http://www.politik-digital.de/spd-online-wahlkampf-kampagne* [30.06.2009].

Lassen Sie sich eine solche Erweiterung des für Sie gültigen Zitierstils aber immer von Ihrem Dozenten absegnen, bevor Sie die Arbeit abgeben: Abweichende oder nicht konsequent verwendete Zitierstile gelten als formale Fehler und führen damit zu ärgerlichen Punktabzügen.

Besonderheiten von Online-Publikationen: Selbst wenn Sie beim Zitieren einer Online-Publikation alles richtig gemacht haben, kann es Probleme geben, wenn sich eine Quelle in der Zeit bis zur Abgabe Ihrer Arbeit wesentlich verändert oder gar ganz verschwindet – was im World Wide Web durchaus vorkommen kann. Prüfen Sie deshalb am besten alle zitierten Online-Publikationen kurz vor dem Abgeben Ihrer Arbeit

Internetseiten zitieren

noch einmal durch. Sollte sich etwas verändert haben, müssen Sie sich entscheiden: Entweder Sie zitieren die aktuelle Form und geben dann das aktuelle Datum als Abrufdatum für die Quelle an – oder Sie bleiben bei der alten Fassung und zitieren sie mit dem Datum, an dem Sie sie zuletzt in dieser Form gesehen haben. (In der vorliegenden Publikation wurden keine Abrufdaten verwendet, da meist nur im Text auf ganze Websites verwiesen wird.)

Für den Fall, dass ein Beleg für diese Fassung von Ihnen gefordert wird, können Sie eventuell auf ein sogenanntes **Web-Archiv** verweisen: Diese Einrichtungen sammeln in regelmäßigen Abständen die Webseiten eines mehr oder weniger großen Ausschnitts des Internets ein und archivieren Sie dauerhaft in dem jeweils aktuellen Stand. So lässt sich eine Historie einzelner Websites rekonstruieren. Eines der größten und ältesten Web-Archive ist http://www.archive.org, das weltweit Millionen von Websites erfasst hat. Hier ist die Chance, ein verschwundenes Dokument wiederzufinden, recht hoch. Teilweise sind auch National- und Regionalbibliotheken mit der Sammlung und Archivierung von Online-Publikationen betraut – so z. B. die deutsche Nationalbibliothek seit 2006. Eine kurze Übersicht über derzeit nutzbare Web-Archive finden Sie zum Beispiel unter http://de.wikipedia.org/wiki/Web-Archivierung#Weblinks.

Juristischer Hintergrund: Die rechtlichen Grundlagen des Zitierens sind in Deutschland im **Gesetz über Urheberrecht und verwandte Schutzrechte** (http://bundesrecht.juris.de/urhg/index.html) niedergelegt. Es schützt die geistige Leistung eines wissenschaftlichen Autors, indem es ihm bestimmte Rechte (z. B. Anerkennung der Urheberschaft durch Dritte, kommerzielle Verwertung seines Werkes) zuerkennt. Daneben definiert es allerdings auch **Schranken**, die dem Informationsbedürfnis der Allgemeinheit Rechnung tragen. So dürfen Sie Kopien oder Scans aus urheberrechtlich geschützten Büchern oder Zeitschriften nur im Rahmen einer entsprechenden Schrankenregelung in § 53 UrhG (Vervielfältigung zum privaten und sonstigen eigenen Gebrauch) legal anfertigen.

Zitatrecht: Auch das Zitieren fremder Werke ist durch das Urheberrechtsgesetz geregelt (vor allem § 51). Das Zitatrecht gilt übrigens nicht nur für Texte, sondern (mit jeweils unterschiedlichen Bedingungen) auch für Bilder, Musik und Filme. Grundvoraussetzung für ein legales Zitat ist immer, dass eine inhaltliche Auseinandersetzung mit dem fremden Werk erfolgt und der Urheber genannt wird (§ 63). Im Detail kann die Anwendung des Urheberrechts auf konkrete Fälle recht komplex sein. Viele Bibliotheken bieten daher Tutorials oder eigene Schulungsveranstaltungen zum Thema an, häufig im Kontext des elektronischen Publizierens. Zu Beginn Ihres Studiums müssen Sie sich hiermit noch nicht im Detail befassen – ein kurzer Blick ins Urheberrechtsgesetz kann jedoch nicht schaden, um ein Bewusstsein dafür zu entwickeln, wo Sie in Ihrer wissenschaftlichen Arbeit an rechtliche Grenzen stoßen könnten. Sollten Sie dann einmal unsicher sein, können Sie Ihre Dozenten oder die zuständigen Fachreferenten an Ihrer Bibliothek gezielt ansprechen.

Erkennung von Plagiaten: Zum Schluss noch eine Warnung: Es gibt durchaus Instrumente, mit denen sich nicht kenntlich gemachte Übernahmen fremder Texte, also **Plagiate aufspüren und nachweisen** lassen. Ein geübter Korrektor erkennt sie oft bereits beim ersten Lesen aufgrund von stilistischen und terminologischen Merkmalen. Schon mit einer einfachen Suchmaschinenanfrage lassen sich dann viele Plagiate zweifelsfrei belegen. Daneben gibt es eine Reihe spezialisierter Tools, die zur Plagiatserkennung eingesetzt werden. Einen guten Überblick über das Thema bietet das ›Portal Plagiat‹ von Deborah Weber-Wulff: http://plagiat.htw-berlin.de/.

Besser Zitieren   Tipp

Hier noch einige generelle Tipps, die Sie bei der Arbeit mit bibliografischen Angaben beachten sollten und die Ihnen das korrekte Zitieren erleichtern:

→ Notieren Sie direkt beim Kopieren immer die vollständigen Literaturangaben auf der ersten kopierten Seite; kopieren Sie gegebenenfalls auch die Titel(rück)seite mit. Kontrollieren Sie, ob Sie wirklich alle Seiten kopiert haben und ob die Seitenzahlen mit Ihren Angaben übereinstimmen.

→ Notieren Sie beim Exzerpieren (also beim Sammeln und Abschreiben von Zitaten/Textausschnitten) bei jedem Zitat immer die vollständigen Literaturangaben (gegebenenfalls in Kurz- oder Verweisform, z. B. ›Müller 2001, 85‹).

→ Achten Sie bei Ausdrucken aus dem Internet darauf, dass die vollständige URL/Internetadresse auf den Ausdrucken sichtbar ist; schreiben Sie sie gegebenenfalls handschriftlich darauf.

→ Achten Sie bei handschriftlichen Notizen auf lesbare Handschrift: Nicht jede Ihrer Notizen können Sie nach zwei Monaten noch entziffern und nicht immer kommen Sie an die jeweiligen Quellen schnell noch einmal heran!

→ Das gleiche gilt für abgetippte (hier lohnt es sich, das Zehn-Finger-System zu lernen!) oder als Text eingescannte Textpassagen – prüfen Sie, ob Sie alles korrekt und tippfehlerfrei erfasst haben.

→ Überprüfen Sie aus Sekundärliteratur übernommene bibliografische Angaben auf Vollständigkeit und Verständlichkeit. Fügen Sie gegebenenfalls erst einmal ein ›XXXX‹ ein, damit die Unvollständigkeit der Angabe für Sie sichtbar bleibt und Sie sie später beim Erstellen der Hausarbeit korrigieren können.

→ Um den Überblick über Ihre Notizen aus verschiedenen Büchern zu behalten und diese später korrekt zitieren zu können, können Sie sich am besten pro Buch eine Exzerpt-Tabelle anlegen (s. folgende Abbildung; vgl. http://www.lwg.uni-hannover.de/wiki/VITU_XII:_Exzerpieren_und_Bibliographieren). Solche Dateien sind, wenn Sie sie archivieren, eine sehr wertvolle Dokumentation Ihrer Arbeit und können auch für das Lernen beim Examen wichtig sein – schließlich wollen Sie **Informationen nicht nur finden, sondern auch wiederfinden!** Kopieren Sie deshalb für Ihre konkrete Arbeit benötigte Zitate aus diesen Ursprungsdateien, lassen Sie letztere aber unberührt. Sollte ein Zitat über mehr als eine Buchseite gehen, markieren Sie im Zitat, wo der Seitenübergang erfolgt (z. B. durch ein Pipe-Zeichen, ›|‹).

Exzerpt-Tabelle

Binmore, Ken: Natural Justice. Oxford: Oxford University Press 2005.		
Seite	**Zitat**	**Kommentar**
1	»I think that orthodox moral philosophy has gotten nowhere because it asks the wrong questions. If morality evolved along with the human race, then asking how we ought to live makes as much sense as asking what animals ought to exist, or which language we ought to speak.«	zur Begründung der evolutionären Ethik
3	»A social contract is the set of common understandings that allow the citizens of a society to coordinate their efforts.«	Definition des Gesellschaftsvertrags
16–17	»In arguing that Rawls' original position is built into the deep structure of human fairness norms, I have two tasks. The first task is to offer a plausible account of the evolutionary pressures that might have resulted in such a mechanism being written into our genome. The second task is to explain | how this biological mechanism interacts with our cultural heritage to generate a specific choice of equilibrium in some of the games of life we play.«	Aufgabenstellung des Buches; Verhältnis zu Rawls' original position; vgl. John Rawls: A Theory of Justice. Oxford: Oxford University Press 1972 (verwendete Ausgabe)
...	...	...

5.3 | Literaturverwaltung

In Kapitel 5.1 haben wir darauf hingewiesen, dass die dauerhafte und geordnete Speicherung von Literaturangaben über die gesamte Dauer Ihres Studiums sehr sinnvoll sein kann. Nun wollen wir erläutern, wie ein Literaturverwaltungsprogramm Sie bei dieser Aufgabe unterstützen kann.

Zum Begriff

Erfassung von Literaturangaben: Ein wesentlicher Vorteil von Literaturverwaltungsprogrammen liegt darin, dass sie komfortable Mechanismen für den automatischen Import von Daten aus zahlreichen Fremdquellen anbieten. Egal, ob Sie einige Bücher im lokalen Bibliothekskatalog oder eine Reihe von Aufsätzen in verschiedenen bibliografischen Datenbanken gefunden haben – Sie finden unter den Exportoptionen fast immer ein Format, das für die gängigen Literaturverwaltungsprogramme geeignet ist, oder Sie können die Daten sogar per Direktexport sofort in Ihr Literaturverwaltungsprogramm übertragen. Manche Literaturverwaltungsprogramme bieten außerdem eine eigene Suchoberfläche für eine Reihe von Katalogen und Literaturdatenbanken, bei der die Ergebnisse ebenfalls direkt im Literaturverwaltungsprogramm abgespeichert werden können.

Daneben können Sie natürlich auch ganz unabhängig von anderen Datenbanken manuell beliebige Quellen in Ihrem Literaturverwaltungsprogramm erfassen. Nach Angabe des Publikationstyps tragen Sie dazu einfach die Ihnen bekannten bibliografischen Informationen in eine leere Erfassungsmaske ein.

Formatneutrale Speicherung: Mit der Speicherung im Literaturverwaltungsprogramm haben Sie die **Daten verschiedener Herkunft** automatisch auch in eine vom Ursprungsformat unabhängige, **gleichartige Form** gebracht. Stellen Sie sich vor, Sie wollten den gleichen Effekt bei abgespeicherten Listen in einem Textverarbeitungsprogramm erzielen: Wenn in dem Ausgabeformat Ihres Bibliothekskatalogs hinter dem Autornamen ein Komma, in dem der verwendeten bibliografischen Datenbank dagegen ein Doppelpunkt steht, so müssten Sie das bei jedem ›falschen‹ Datensatz von Hand ändern. Ebenso natürlich, wenn in der zweiten Datenbank Vorname und Nachname vertauscht, in der dritten der Titel unterstrichen ist usw. In Ihrem Literaturverwaltungsprogramm wird dagegen die Information der Literaturangaben formatneutral gespeichert: In dem jeweiligen Datensatz ist nur hinterlegt, dass der Nachname des Autors x, sein Vorname y und der Titel des Buches z lautet – in welcher Reihenfolge diese Elemente stehen, durch welche Zeichen sie getrennt und wie sie formatiert werden, wird erst später festgelegt, wenn die Daten wieder ausgegeben werden sollen.

Flexibles Zitieren: Dies macht Sie besonders flexibel, was die Ausgabemöglichkeiten angeht: Wenn Sie die gleichen Quellen in Referaten oder Hausarbeiten zitieren, in denen **unterschiedliche Zitierstile** gefordert werden, so müssen Sie an den Daten überhaupt nichts ändern. Sie stellen nur den passenden Zitierstil ein, den Sie entweder aus einer Liste von Standardzitierstilen auswählen, selbst anpassen oder vollständig neu definieren können.

Nutzen von Literaturverwaltungsprogrammen **Weniger tippen:** In der Regel müssen Sie nicht einmal selbst tippen, um die Quellenangabe in Ihren Text einzufügen: Die meisten Literaturverwaltungsprogramme stellen Mechanismen bereit, mit denen Sie den passenden Eintrag in Ihrer persönlichen Literaturdatenbank **einfach per Mausklick** an der richtigen Stelle positionieren können. Wenn der Text fertig ist und alle Quellenangaben auf diese Art eingefügt wurden, können Sie dann mit einem Klick die Bibliografie aller zitierten Quellen am Ende des Textes einfügen. Das spart vor allem bei längeren Arbeiten einiges an Aufwand.

Immer richtig zitieren: Da alle mit dem Literaturverwaltungsprogramm erstellten Literaturangaben einheitlich dem ausgewählten Zitierstil folgen, können Sie außerdem beim Zitieren in Ihrer Arbeit **keine formalen Fehler mehr** machen, wenn der Zitierstil einmal richtig definiert ist. Unter Umständen bieten die Lehrstühle oder Institute, bei denen Sie Ihre Arbeiten schreiben, sogar selbst vordefinierte Zitierstile an, die Sie in Ihr Literaturverwaltungsprogramm importieren können.

Literaturlisten erstellen: Natürlich können Sie aus Ihrem Literaturverwaltungsprogramm auch unabhängig von einem längeren Text **Literaturlisten direkt erzeugen**. Dazu wählen Sie einfach die passenden Quellen und den gewünschten Zitierstil aus und geben an, in welchem Dateiformat die produzierte Liste gespeichert werden soll. In der Regel wird hier neben reinen Anzeigeformaten auch ein Format angeboten, das für die Weiterverarbeitung in einem Textverarbeitungsprogramm geeignet ist.

Was ist noch möglich? Wenn Ihre Literaturdatenbank mit der Zeit wächst, kann das schnelle Wiederfinden der richtigen Quellen problematisch werden. Um den Überblick zu behalten, können Sie Ihre Literaturangaben nicht nur **in verschiedenen Ordnern abspeichern**, sondern sie auch **mit eigenen Schlagwörtern beschreiben** oder **Notizen anbringen**, nach denen Sie gegebenenfalls später auch suchen können. Kurze Zusammenfassungen oder kritische Vermerke zu einer einmal ausgewerteten Quelle können sehr nützlich sein, wenn Sie die gleiche Quelle nach längerer Zeit wieder benötigen. Auch **Links zu Internetquellen** sind in der Regel möglich – in manchen Literaturverwaltungsprogrammen können Sie sogar eigene Dateien hochladen, Ideen oder Bookmarks verwalten und vieles mehr.

Welches Programm ist für mich das richtige? Wenn solche Zusatzfunktionen für Sie wichtig sind, sollten Sie sich gezielt informieren, welche Produkte dies anbieten. Einen Überblick über die an deutschen Hochschulen gängigen Programme gibt eine Zusammenstellung der UB Augsburg unter http://www.bibliothek.uni-augsburg.de/service/literaturverwaltung/downloads/vergleich.pdf. Grundsätzlich kann man die angebotene Software nach drei Kriterien unterscheiden: **Kosten, Speicherort und Offenheit**.

Kriterien
für Software

Das Kostenkriterium leuchtet unmittelbar ein: Es gibt Literaturverwaltungsprogramme, die kostenfrei oder zu einem sehr geringen Preis verfügbar sind, und solche, die zu einem erheblichen Preis gekauft oder lizenziert werden müssen. Die hochpreisigen Programme kommen für Sie wahrscheinlich nur in Frage, wenn sie **von Ihrer Universität zentral finanziert** werden und Sie dadurch einen freien Zugriff bekommen. Informieren Sie sich am besten auf den Webseiten Ihrer Bibliothek, ob dies der Fall ist.

Lokale oder zentrale Speicherung: Der zweite Unterschied liegt darin, **wo Ihre Daten gespeichert werden** und auf welchem Weg sie folglich darauf zugreifen können. Manche Literaturverwaltungsprogramme sind sogenannte Desktop-Anwendungen, die Sie lokal auf Ihrer Festplatte installieren müssen und bei denen Ihre erfassten Literaturdaten dann ebenfalls lokal auf diesem Rechner gespeichert werden. Bei einem Notebook, das Sie immer dabei haben, ist dies unproblematisch – wenn sich Ihre Daten jedoch auf Ihrem PC zu Hause befinden, während Sie z.B. in der Bibliothek arbeiten, kann das sehr unpraktisch sein. Daher gibt es auch Literaturverwaltungsprogramme mit einem anderen Speicherkonzept: Hier werden sowohl Software als auch Daten auf einem zentralen Server gespeichert, auf den Sie über das Internet zugreifen können – von jedem beliebigen Rechner aus, der eine Internetverbindung hat.

Offene oder geschlossene Systeme: Die Programme, die mit einer zentralen Datenspeicherung arbeiten, unterscheiden sich schließlich im Grad der **Offenheit des Systems**: Manche webbasierten Literaturverwaltungssysteme stellen die von den Nutzer/innen erfassten Daten in großem Maße auch den übrigen Nutzern des Systems zur Verfügung und ermöglichen so den Aufbau großer, gemeinsam erarbeiteter Datenpools. In einem solchen System können Sie z.B. sehr schnell herausfinden, welche Literatur andere Nutzer zu einem bestimmten Schlagwort erfasst haben und so wichtige Anregungen für Ihre eigene Arbeit gewinnen. Oft werden auch weitere Funktionen angeboten, die den Austausch und die Zusammenarbeit zwischen verschiedenen Nutzern fördern, z.B. das Einrichten von Gruppen, die in einem geschützten Bereich gemeinsam an Literaturlisten arbeiten können.

Im Unterschied zu diesen sehr offenen Systemen folgen andere eher dem traditionellen Konzept einer privaten Literaturdatenbank: Obwohl die Daten zentral gespeichert werden, hat prinzipiell nur der Nutzer, der die Daten erfasst hat, Zugriff darauf. Nur wenn er gezielt bestimmte

Daten für die Nutzung freigibt, können auch andere sie sehen und eventuell übernehmen.

Welches System für Sie am besten geeignet ist, müssen Sie letztlich selbst ausprobieren. Als Entscheidungshilfe können Sie die folgende Checkliste verwenden, die Ihnen Anhaltspunkte geben soll, welcher Typ von Literaturverwaltung für Ihre Situation wahrscheinlich am besten geeignet ist.

Checkliste

> ## Checkliste Literaturverwaltung
>
> 1. Welche Literaturverwaltungsprogramme sind an Ihrer Hochschule lizenziert?
> 2. Für welche Programme werden Einführungskurse und Beratungen angeboten?
> 3. Nutzen Sie für Ihre Literaturarbeit hauptsächlich
>   a) einen Laptop oder
>   b) einen PC mit festem Standort?
> 4. Arbeiten Sie eher
>   a) zu Hause oder
>   b) an wechselnden Standorten?
> 5. Wie ist Ihre Arbeitsweise:
>   a) Tauschen Sie sich gerne und oft mit anderen aus, oder
>   b) arbeiten Sie eher alleine?
> 6. Wie soll Ihre Arbeitsumgebung aussehen?
>   a) Lassen Sie sich gerne durch eine Vielzahl unterschiedlicher Konzepte und Materialien anregen, oder
>   b) bevorzugen Sie es, wenn Sie sie selbst komplett strukturieren und sauber ordnen können?
>
> Wenn Sie auf Frage 3 und 4 mit Option a) geantwortet haben, könnte ein System mit lokaler Datenhaltung für Sie geeignet sein; bei Option b) eher ein System mit zentraler Speicherung. Bei Frage 5 und 6 spricht die Option a) für ein offenes System, Option b) dagegen eher für ein geschlossenes.

Welche konkrete Software für Sie eventuell in Frage kommt, zeigt Ihnen eine Matrix mit einigen weit verbreiteten Systemen, die beispielhaft für die verschiedenen Typen von Literaturverwaltungsprogrammen sind (ohne Anspruch auf Vollständigkeit).

	Lokale Speicherung	Zentrale Speicherung	
		Geschlossen	Offen
Kostenfrei oder Preis bis 100 EUR	Bibliographix, citavi		Bibsonomy, Connotea, citeulike
Höhere Kosten	Endnote	RefWorks	

Auswahlmatrix Literatur-verwaltungs-programme

Wenn Sie keine Lust haben, sich detailliert mit der Auswahl eines Literaturverwaltungssystems zu befassen, Sie aber gerne die Vorteile rasch nutzen möchten, bleibt Ihnen immer noch die einfache Möglichkeit: Wählen Sie das Programm, das von Ihrer Hochschulbibliothek bereitgestellt wird und zu dem Ihnen zeitnah Schulungen angeboten werden. Im Zweifelsfall lassen Sie sich in Ihrer Bibliothek direkt beraten.

5.4 | Informationsaustausch

Während in den Geisteswissenschaften oft noch die Einzelarbeit im Vordergrund steht (abgesehen von Gruppenreferaten), ist in den Naturwissenschaften die **Teamarbeit** von Beginn des Studiums an von zentraler Bedeutung. In beiden Bereichen ist der Informationsaustausch unter den Studierenden ein wichtiger Erfolgsfaktor. Wie bei der Einzelarbeit (z.B. Alerts, s. Kap. 4.6) gilt es bei der Gruppenarbeit, **Informationsmechanismen aufzubauen**, um die eigene laufende Information zu gewährleisten. Wie lässt sich ein solcher Informationsaustausch am besten organisieren?

Online-Zusammenarbeit jenseits räumlicher oder zeitlicher Grenzen: Eine gute Möglichkeit der Zusammenarbeit während des Studiums stellt sogenannte ›Groupware‹ dar, Software also, die die Online-Zusammenarbeit über räumliche oder zeitliche Grenzen hinweg ermöglicht (zur Definition vgl. http://de.wikipedia.org/wiki/Groupware). Ein populäres Angebot dieser Art ist Google Docs (http://docs.google.com/): Es ermöglicht Ihnen, Literaturlisten kostenlos im Netz zu speichern und nur für ausgewählte Kommiliton/innen zugänglich zu machen. Gleichfalls kostenlosen und deutlich umfangreicheren Service bietet ›**BSCW**‹ (›**Basic Support for Cooperative Work**‹): Das BSCW-System wurde vom Fraunhofer-Institut für Angewandte Informationstechnik (FIT) Mitte der 1990er Jahre entwickelt. 1998 hat eine Ausgründung des Instituts, die OrbiTeam Software GmbH & Co. KG, die Weiterentwicklung und den Vertrieb des BSCW Shared Workspace System übernommen. Das FIT betreibt jedoch einen öffentlichen BSCW-Server, auf dem Sie selbst eine Arbeitsgruppe zum Austausch von Dokumenten und Informationen ein-

Google Docs

BSCW

richten können. BSCW ermöglicht Ihnen sowohl die asynchrone (nicht-gleichzeitige) Zusammenarbeit (Dokumente oder Literaturlisten able-gen, verwalten, gemeinsam bearbeiten und austauschen) als auch die synchrone (gleichzeitige) Zusammenarbeit (Werkzeuge für die Planung und Organisation von Treffen sowie für die unmittelbare Kommunika-tion mit Partnern, die gerade im gemeinsamen Arbeitsbereich aktiv sind). Tutorials zur Bedienung finden Sie unter http://www.bscw.de/demo.html. Um BSCW zu benutzen, brauchen Sie lediglich einen Inter-net-Browser, die Software läuft unabhängig von Ihrer Hardware. Auch dieses Buch wurde gemeinsam auf dem BSCW-Server des FIT verfasst!

Der elektronische Austausch von Literaturlisten ist jedoch auch über andere Instrumente möglich, beispielsweise den Dienst RefShare des Literaturverwaltungsprogramms RefWorks (https://www.refworks.com/content/factsheets/RefShare_Factsheet_German.pdf; s. Kap. 5.3); auch in vielen bibliografischen Datenbanken können Literaturlisten abgespei-chert werden, so dass Sie sie per Mail versenden oder, bei gemeinsamer Registrierung über ein Login, gemeinsam nutzen können.

6. Beispielrecherchen

6.1 | Monografie aus einer Titelliste in Bibliothekskatalogen

Gesucht wird eine in der Sekundärliteratur häufig in der folgenden Form erwähnte Dissertation der Universität Breslau:

> **Nitschak, Karl-Heinz:** *Georg Gustav Fülleborn (1769–1803): ein Beitrag zur Schlesischen Literaturgeschichte.* Breslau, Univ., Diss., 1940.

Suchen Sie mit der Kombination Autor = ›nitschak‹ und Titelstichwort = ›fülleborn‹ im KVK (s. Kap. 1.2.1), ergibt sich exakt ein Treffer – der Titel scheint also in nur einer deutschen Bibliothek (der Universitätsbibliothek Gießen) vorhanden zu sein, und dies als maschinenschriftliche Dissertation, so dass eine Fernleihe entweder unmöglich ist oder nur als kostenpflichtige Kopie.

Suchen Sie jedoch in einem Katalog, der automatisch **Schreibungsvarianten** mitsucht oder zur Weitersuche anbietet, oder trunkieren Sie den Autornamen (›nitscha*‹), oder – besser noch – lassen ihn gänzlich weg und suchen nur mit sicheren Titelwörtern (z. B. ›georg fülleborn‹), zeigt sich, dass diese Dissertation eigentlich 1939 verfasst und in der Folge 1940 bei einem Verlag publiziert wurde – allerdings unter dem Namen Nitschack!

> **Nitschack, Karl-Heinz:** *Georg Gustav Fülleborn [1769–1803] : ein Beitrag zur schlesischen Literaturgeschichte.* Würzburg: Mayr, 1940. Umfang: 100 S. Hochschulschrift: Breslau, Univ., Phil. Diss., 1939.

Dieses Buch ist dann laut KVK in weiteren 15 Exemplaren in deutschen Bibliotheken vorhanden und problemlos per Fernleihe bestellbar.

Oft sind die Angaben, mit denen Sie konfrontiert sind, jedoch deutlich ungenauer. Nehmen Sie etwa die folgende Aufgabenstellung einer Professorin für ihre Hilfskraft: »Finden Sie die Konkordanz zu Flauberts *L'éducation sentimentale*.« Was tun? **Weder Titel noch Autor sind bekannt.**

Notwendige
Analyseschritte

1. Was ist eine Konkordanz und in welcher Form wird sie publiziert? Welche Recherchemedien kann ich nutzen, um dies herauszufinden? (Hier hilft Ihnen beispielsweise das *Metzler Lexikon Literatur* (³2008) weiter.)
2. In welchen Recherchemedien kann ich die genauen bibliografischen Angaben klären? (Bei einer monografischen Publikation unbekannter Sprache bietet sich ein großer Bibliothekskatalog an, z. B. der KVK.)
3. Welche Suchwörter verwende ich dazu am besten? (›Concordance‹ deckt Englisch und Französisch ab und wird am besten kombiniert mit ›Flaubert*‹ oder ›sentimentale‹ – so ist das Werk schnell identifiziert: Es handelt sich um Charles Carlut: *A concordance to Flaubert's L'éducation sentimentale.* 2 Bde. New York u. a. : Garland, 1978.)
4. Welche Recherchemedien verwende ich für die schnellstmögliche Literaturbeschaffung? (Hier leitet Sie der KVK zu den verschiedenen regionalen Fernleihmöglichkeiten weiter.)

6.2 | Beitrag in einem Sammelband

Auf Ihrer **Literaturliste** befindet sich die folgende Publikation, die Sie sich beschaffen möchten:

> Zintl, Reinhard: Welche Vorstellung von Wählerrationalität, wozu? In: H. Kaspar u. a. (Hrsg.): Politik – Wissenschaft – Medien. Festschrift für Jürgen W. Falter zum 65. Geburtstag. Wiesbaden: VS-Verlag für Sozialwissenschaften 2009, S. 441–451.

Wenn Sie nun mit Autor = ›zintl‹ und Titelstichwort = ›wählerrationalität‹ im Bibliothekskatalog suchen, werden Sie keinen Treffer finden. Woran liegt das? Aufmerksam werden sollten Sie, wenn in Ihrer Literaturangabe das Wort ›In‹ vorkommt: Dann handelt es sich nämlich bei der von Ihnen benötigten Publikation nicht um eine eigenständige Veröffentlichung, sondern um einen Beitrag in einem Sammelband oder einer Zeitschrift. Solche unselbstständigen Werke sind **in der Regel nicht in Bibliothekskatalogen verzeichnet**. Von dieser Regel gibt es hin und wieder Ausnahmen: Manche Spezialbibliotheken nehmen durchaus auch einige Artikel und Aufsätze in ihre Kataloge auf. Ausprobieren kann also nicht schaden!

Sie müssen also in Bibliothekskatalogen nach dem selbstständigen Werk suchen, in dem der Beitrag erschienen ist, also mit Autor = ›kaspar‹ und Titelstichwort = ›medien politik‹. Dann erhalten Sie – je nach dem Bestand Ihrer Bibliothek – eventuell zwei Treffer, nämlich das E-Book und das gedruckte Buch.

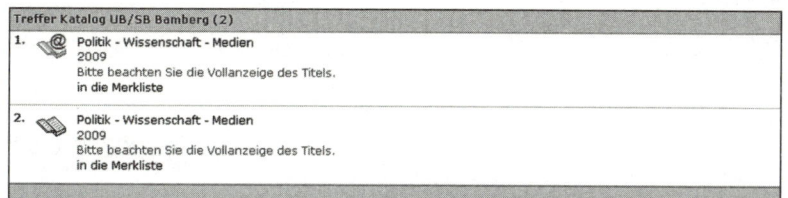

Zudem finden Sie in vielen Bibliothekskatalogen auch einen Link auf das Inhaltsverzeichnis, in dem Sie leicht überprüfen können, ob sich der Beitrag tatsächlich in der Festschrift befindet.

> → **Festschriften** finden Sie in Bibliothekskatalogen auch, indem Sie nach der gefeierten Person suchen. Auch wenn diese in der Regel keinen eigenen Beitrag verfasst hat, so finden sich in der Festschrift meist wertvolle Informationen wie biografische Daten oder eine ausführliche Publikationsliste.

Tipp

Vielleicht denken Sie jetzt (und haben vielleicht auch schon an anderer Stelle beim Lesen dieses Buches gedacht): Und warum gebe ich nicht einfach das Gesuchte in Google ein? Probieren Sie es einfach einmal aus:

Die Google-Suche führt Sie zu einer Verlagsseite, die Ihnen den kostenpflichtigen Download des Beitrags anbietet. Dass Ihnen das Buch eventuell auch in Ihrer Bibliothek kostenlos zur Verfügung steht erfahren Sie nicht!

Kostenpflichtiger
Download

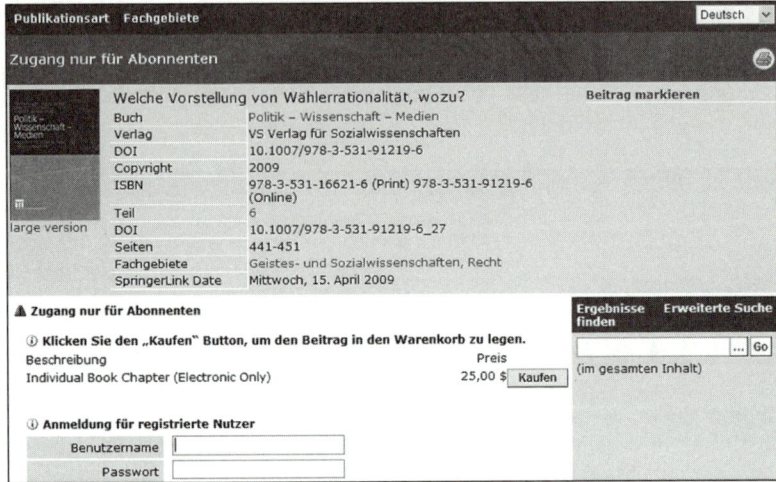

Vielleicht hat Ihnen die Lektüre dieses Suchbeispiels also die Ausgabe von 25 Dollar erspart.

Jetzt möchten Sie aber auch noch die ›Google Buchsuche‹ ausprobieren. Zum Zeitpunkt des Verfassens dieses Recherchebeispiels gelangen Sie dadurch tatsächlich auf den frei im Internet zugänglichen Volltext des Sammelbands, einschließlich des angeführten Beitrags, allerdings ist dieser nicht vollständig. Nur Ihre Bibliothek kann Ihnen das Buch – online oder gedruckt – vollständig zur Verfügung stellen.

6.3 | Artikel in einer Zeitschrift

Wissenschaftliche Zeitschriften sind die primären Publikationsmedien und Informationsquellen für aktuelle Forschungsergebnisse in fast allen Wissenschaftsdisziplinen. So stoßen Sie häufig auf eine Literaturangabe für einen Artikel aus einer Zeitschrift wie die folgende:

> **Nathan A. Kalb and Thomas Quinn: Reassessing the Source of Long-Period Comets. Science 325 (2009) 1234–1236.** http://dx.doi.org/10.1126/science.1172676.

Wie schon im vorherigen Beispiel werden Sie auch hier wenig Erfolg haben, wenn Sie einen der Verfasser oder den Titel des Aufsatzes im Bibliothekskatalog suchen.

Bibliothekare verwenden oft den Begriff → ›Aufsatz‹, wenn Sie einen Artikel in einer Zeitschrift bzw. Zeitung oder einen Beitrag in einer größeren Publikation meinen. Ein ›Aufsatz‹ ist also eine unselbstständig erschienene wissenschaftliche Arbeit – und ist nicht mit Aufsätzen in der Schule zu verwechseln.

Zum Begriff

Im Gegensatz zum Beispiel in Kapitel 6.2 fehlt jedoch in der Literaturangabe das Wort ›In‹. Woran erkennen Sie trotzdem, **dass es sich um einen Aufsatz handelt**? Wenn Sie den Namen (im Beispiel ›Science‹) nicht direkt einer Ihnen bekannten Zeitschrift zuordnen können, ist die Angabe einer Bandnummer (›325‹) und eines **Jahrgangs** (›2009‹), eventuell auch noch einer **Heftnummer**, ein sicheres Indiz. Um zum Artikel zu gelangen, müssen Sie also nach der Zeitschrift suchen. Dazu geben Sie nur den Namen der Zeitschrift (nicht zusätzlich auch noch die Bandangabe oder den Jahrgang, denn beides gehört sicher nicht zum Titel) in das Suchfeld für Titelstichwörter im Bibliothekskatalog oder in die Suchmaske der Elektronischen Zeitschriftenbibliothek (EZB) (s. Kap. 1.2.4) ein. In vielen Fällen finden Sie dadurch schon die Zeitschrift – wenn die Trefferanzahl übersichtlich bleibt. Bei einem Titel wie ›Science‹ ist das eher unwahrscheinlich, hier müssen Sie die Suche eingrenzen. Tragen Sie dazu ›Science‹ als Titelanfang oder als exakten Titel ein und schränken Sie Ihre Recherche auf ›Zeitschriften‹ ein.

Wenn Sie jetzt die richtige Zeitschrift in Ihrer Bibliothek oder in der EZB gefunden haben, heißt das aber noch nicht, dass auch der benötigte Jahrgang vorhanden oder online verfügbar ist. Dafür kann es mehrere Gründe geben:

Bei elektronischen Zeitschriften:
- Der Jahrgang ist überhaupt noch nicht in elektronischer Form erschienen.
- Ihre Bibliothek hat – meist aus finanziellen Gründen – den Jahrgang nicht lizenziert.

→ Denken Sie daran, dass Sie in der Regel auf von Ihrer Bibliothek lizenzierte elektronische Zeitschriften oder Datenbanken nur im Hochschulnetz zugreifen können. Von außerhalb müssen Sie sich zuerst dort mit Ihrer Kennung einloggen, z. B. über eine VPN-Verbindung.

Tipp

Bei gedruckten Zeitschriften:
- Ihre Bibliothek hat erst später die Zeitschrift abonniert.
- Ihre Bibliothek musste das Abonnement vor dem gewünschten Jahrgang kündigen.

Schauen Sie also genau hin! Im Katalog sind alle vorhandenen Jahrgänge aufgelistet – zusammmen mit den Standorten innerhalb der Bibliothek:

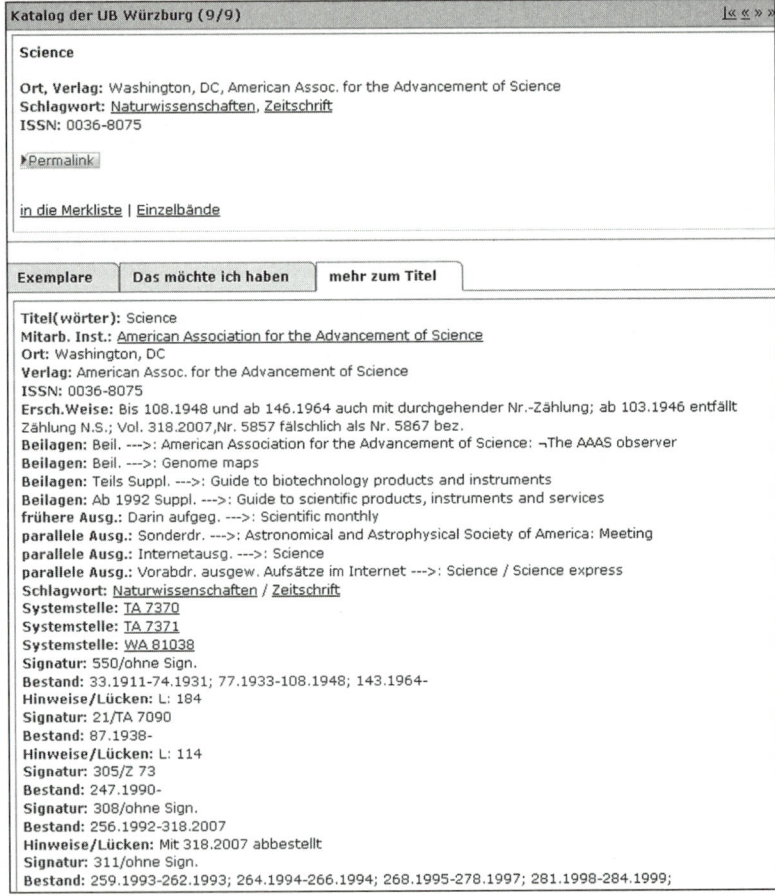

Auch in der Elektronischen Zeitschriftenbibliothek (EZB) finden Sie genaue Angaben zum Lizenzierungszeitraum und den dazu passenden
Link zum Volltext:

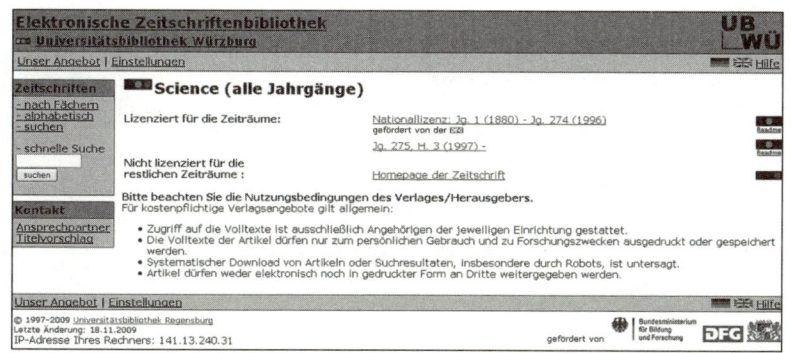

Bestandsangaben
zu einer Zeitschrift
in der EZB

Enthält die bibliografische Angabe für unseren Zeitschriftenartikel allerdings einen Link, können Sie auch versuchen, es sich bequemer zu machen. In unserem Beispiel ist als Link ein Digital Object Identifier (DOI)
angegeben.

> Der → **Digital Object Identifier (DOI)** ist eine eindeutige und dau-
> erhafte Bezeichnung für ein digitales Objekt, z. B. für einen Online-
> Artikel einer wissenschaftlichen Zeitschrift. Auch wenn sich die
> Internet-Adresse des Dokuments ändern sollte, bleibt der DOI stets
> gleich. Eine frei zugängliche Online-Datenbank der International
> DOI Foundation verknüpft die DOI mit der aktuellen Web-Adresse.

Zum Begriff

Der DOI führt Sie direkt zur Seite des Aufsatzes in der elektronischen
Ausgabe der Zeitschrift.

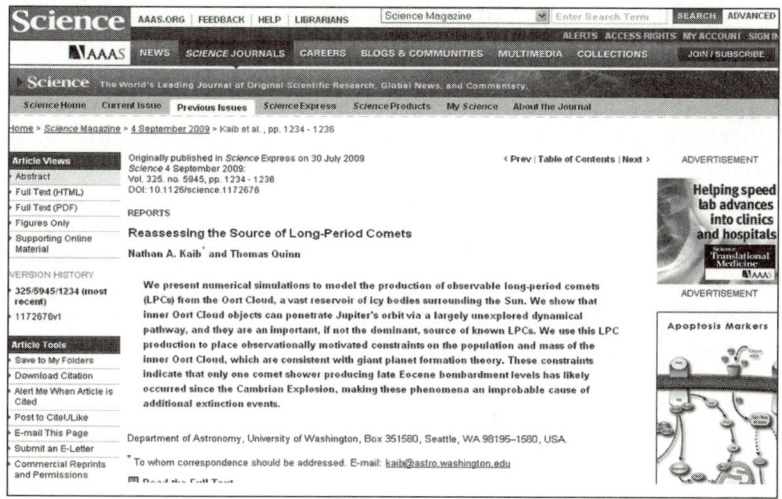

**Aufsatz in einer
elektronischen
Zeitschrift mit
Angabe des DOI**

Allerdings heißt das noch nicht, dass Sie auch den Volltext abrufen können. Das gelingt Ihnen nur, wenn Ihre Hochschulbibliothek die Zeitschrift lizenziert hat und Sie sich im Hochschulnetz befinden. Ansonsten haben Sie auf diesem Weg wiederum nur die Möglichkeit, den Artikel kostenpflichtig vom Verlag zu erwerben.

6.4 | Thematische Suche für ein kurz bevorstehendes Referat

Sie sollen in nur einer Woche **ein 20-minütiges Referat zum Thema: »Konzepte des Dramas im 18. Jahrhundert«** halten. Bei so wenig Zeit sollten Sie sich möglichst auf Literatur beschränken, die direkt an Ihrer Bibliothek verfügbar ist. Beginnen Sie am besten die Suche sofort im Bibliothekskatalog, damit Sie unter Umständen die ersten Bücher noch bestellen und so schnell wie möglich ausleihen können.

Zum Glück ist das Thema ja schon recht prägnant formuliert. Geben Sie die Suchbegriffe ›konzept drama 18. Jahrhundert‹ ein, liefert der Bibliothekskatalog jedoch keinen einzigen Treffer! Jetzt erinnern Sie sich hoffentlich an unsere **sieben Grundregeln gegen die Null-Treffer-Falle** in Kapitel 2.7.1 – auch wenn die Zeit knapp ist: **Arbeiten Sie in Ruhe an der Formulierung der Suchbegriffe!** Wo lässt sich hier ansetzen?

Der Begriff ›Konzept‹ trägt nicht zu einer sinnvollen Eingrenzung der Suche bei – lassen Sie ihn weg! **Problematisch sind außerdem immer Zeit- und Epochenbegriffe** – sie tauchen sehr oft nicht in der Form auf, in der Sie sie suchen (statt ›18. Jahrhundert‹ könnte es ja z.B. auch heißen ›Zeitalter der Aufklärung‹ oder ›von 1730 bis 1789‹). Um die historische Dimension einzubeziehen, können Sie einfach den Suchbegriff ›Geschichte‹ hinzufügen.

Bleibt noch der Begriff ›Drama‹. Hier handelt es sich um einen **Fachbegriff**, der daher gut für die Suche nach wissenschaftlicher Literatur geeignet ist. Dennoch kann es sich lohnen, **alternative Begriffe** hinzuzuziehen. Dazu genügt schon ein kurzer Blick in das Online-Lexikon Wikipedia: Wenn Sie hier den Artikel ›Drama‹ durchgehen, stoßen Sie schnell auf weitere relevante Begriffe, die als alternative Suchbegriffe geeignet sein könnten, z.B. ›Dramentheorie‹.

Sie versuchen also eine neue Recherche mit den Begriffen ›drama geschichte‹ und anschließend ›dramentheorie geschichte‹. Jetzt erhalten Sie zahlreiche Ergebnisse – und haben damit ein neues Problem, denn das können Sie in einer Woche niemals alles lesen. Sie müssen also jetzt eine Auswahl treffen; aber nach welchen Kriterien?

Erwartungen klären: Halten Sie sich vor Augen, was in einem kurzen Referat überhaupt von Ihnen erwartet wird. Niemand kann verlangen, dass Sie in 20 Minuten auf die Details jeder einzelnen Dramentheorie eingehen oder gar längere Texte interpretieren. Sofern dies nicht Inhalt von vorangehenden oder folgenden Referaten ist, sollten Sie jedoch Ihr Thema in den literarhistorischen Kontext einordnen, d.h. zumindest die wichtigsten Vorläufer der Theorien des 18. Jahrhunderts kurz darstellen. Dann müssten Sie auf die wichtigsten Konzepte etwas ausführlicher eingehen, die zentralen Autor/innen und Werke nennen und wesentliche Unterschiede und Gemeinsamkeiten herausarbeiten. Um das Ganze anschaulich zu gestalten, wären zudem einige griffige Zitate aus den Originalquellen sehr nützlich.

Sie brauchen also zunächst einmal einen Überblick über das Thema. Mit der Lektüre des Wikipedia-Artikels haben Sie schon einen ersten Eindruck gewonnen, aber da Ihnen bewusst ist, dass die Qualität dieser Information ohne identifizierbaren Autor schwer einzuschätzen ist, möchten Sie sich darauf in Ihrem Referat lieber nicht beziehen. Sie erinnern sich aber, dass Sie in Ihrem Einführungskurs eine Liste renommierter fachlicher Nachschlagewerke bekommen haben, die im Lesesaal Ihrer Bibliothek vorhanden sein sollten – beispielsweise das *Metzler Lexikon Literatur* (³2008). (Wenn Sie die Liste nicht dabeihaben: Im Lesesaal sind die Bücher systematisch aufgestellt, und normalerweise stehen die Nachschlagewerke immer am Anfang jeder neuen Sachgruppe.)

Aber erst einmal müssen Sie entscheiden, welche Bücher aus Ihrer Ergebnisliste noch relevant sein könnten. Auch hier gilt: Allzu spezielle Abhandlungen sind für den gegebenen Zweck sicher nicht geeignet. Den Titel *Christoph Martin Wielands Dramen als Verarbeitung von Diskursen der Aufklärung* können Sie z.B. guten Gewissens auslassen. Dagegen klingt *Dramentheorie: von den Anfängen bis zur Gegenwart* vielversprechend. Da die Ergebnisliste in Ihrem Bibliothekskatalog nach Aktualität sortiert ist, sehen Sie die Ergebnisse von oben nach unten durch. Weiter als in die 1990er Jahre gehen Sie erst einmal nicht zurück: Sie können davon ausgehen, dass Sie auf ältere Standardpublikationen in den neueren Nachschlagewerken hingewiesen werden. Auf diese Weise finden Sie bereits eine Reihe interessanter Monografien (für Ihren Zweck sollten Sie sich auf fünf beschränken), die Sie ausleihen bzw. im Lesesaal benutzen können.

Lesesaal: Dorthin führt Sie Ihr nächster Weg, denn Sie möchten sich nun mit Hilfe eines ausführlichen fachlichen Nachschlagewerks etwas besser in Ihr Thema einlesen. Tatsächlich stoßen Sie zu Beginn der Sachgruppe ›Allgemeine und vergleichende Literaturwissenschaft‹ recht schnell auf ein dreibändiges *Handbuch Literaturwissenschaft* (2007), an dessen Titel Sie sich aus Ihrem Einführungskurs noch dunkel erinnern. Der Abschnitt »Zu Poetik und Geschichte des Dramas« liefert Ihnen in der Tat einen guten Überblick zur historischen Entwicklung und eine Fülle von Informationen zu wichtigen Autor/innen und Werken. Sie notieren sich die wichtigsten Fakten und vermerken auf einem gesonderten Zettel auch weitere Begriffe, die für die Literatursuche relevant sein könnten, z.B. ›normative Poetik‹, ›Aristoteles‹, ›Tragödie‹, ›Komödie‹, ›Tragikomödie‹, ›doctrine classique‹, ›Shakespeare‹ etc. Besonders

Nachschlagewerke

Katalog aufmerksam lesen Sie natürlich den Abschnitt über das 18. Jahrhundert, und im Hinblick auf diese Epoche werten Sie auch die Literaturangaben im *Handbuch* aus. Das bringt Ihnen Hinweise auf fünf weitere Monografien aus dem Zeitraum von 1973 bis 1999. Die Überprüfung am Online-Katalog zeigt, dass alle an Ihrer Bibliothek verfügbar sind, drei davon im frei zugänglichen Bereich; Sie notieren sich die Signatur und exzerpieren oder kopieren/scannen relevante Stellen. Das Literaturverzeichnis der Monografien ist für Sie auf jeden Fall von dauerhaftem Interesse; vielleicht finden sich im Text ja noch Hinweise auf weitere wichtige Quellen.

Datenbanken **Fachdatenbanken:** Damit sind Sie schon recht zufrieden. Zur Sicherheit gehen Sie sich aber noch einmal zurück an den **Rechercheplatz** und prüfen, ob Sie über eine Fachdatenbank vielleicht auf Volltexte von Aufsätzen zu einigen speziellen Aspekten Ihres Themas stoßen, die Sie ohne großen Aufwand downloaden können. Über das Datenbank-Infosystem DBIS finden Sie die geeigneten bibliografischen Datenbanken.

Obwohl Sie die Suchbegriffe nach allen Regeln der Kunst variieren, sind Sie von den ersten Ergebnissen ein wenig enttäuscht: Die Liste ist zwar lang, enthält aber viele sehr spezielle Abhandlungen, und längst nicht bei allen ist tatsächlich der komplette Text des Aufsatzes dabei. Vielleicht schränken Sie einfach die Suche gleich auf die Volltexte ein? Außerdem **beschränken Sie sich am besten auf ein oder zwei speziellere thematische Aspekte**, die Ihnen bei der Lektüre des Handbuchartikels wichtig erschienen – recherchieren Sie am besten zunächst im Index der Datenbank, ob entsprechende Schlagwörter vorhanden sind. So haben Sie die Möglichkeit, Ihr Referat punktuell zu vertiefen und mit verschiedenen Standpunkten anzureichern.

Ihre vorerst letzte Recherche besteht darin, die **Primärliteratur auf Ihre Verfügbarkeit und Ihren Standort in der Bibliothek zu überprüfen**. Hier gibt es kein Problem: Beruhigt notieren Sie die Signaturen aller wichtigen Texte, auf die Sie bei Ihrer Handbuchlektüre gestoßen sind. Nach der Lektüre der Überblicksartikel sollten Sie sie zumindest kursorisch durchgehen und die wichtigsten Aussagen aus der Sekundärliteratur nachvollziehen. Für heute aber ist Ihre Recherchearbeit beendet: Mit umfangreichen Notizen, Exzerpten und Kopien (oder einem gefüllten USB-Stick) sehen Sie Ihrem Referat nun zuversichtlich entgegen.

6.5 | Thematische Suche in einem Proseminar

Für ein Referat in einem Proseminar suchen Sie **Informationen in deutscher und englischer Sprache über die Theorie der Gerechtigkeit des Philosophen John Rawls**. Insbesondere interessieren Sie die Figuren der »original position« und des »veil of ignorance«. Wie gehen Sie vor?

Sicherlich wäre es sinnvoll, eine Bibliografie zu benutzen, um die Frage zu klären, was zu Ihrem Thema eigentlich an Literatur existiert. Über das DBIS Ihrer Hochschulbibliothek (s. Kap. 1.2.3) lässt sich leicht eine geeignete bibliografische Datenbank finden. Doch bereits geringe Kenntnisse zu Rawls führen zu der Frage, ob eine philosophische Bibliografie angesichts der breiten Rezeption von Rawls in Politologie, Soziologie, Wirtschaftswissenschaften etc. ausreicht. Hier wären also **neben Fachbibliografien** zu den einzelnen Fächern **auch interdisziplinäre Bibliografien** zu konsultieren (z. B. das in immer mehr Bibliotheken verfügbare ›JSTOR‹ – eine der wichtigsten elektronischen Bibliografien und Volltextsammlungen für Zeitschriftenartikel bis zurück ins 19. Jahrhundert).

Obwohl die Suchbegriffe eigentlich klar scheinen, ist anschließend die Frage, **wie eng Sie den Filter Ihrer Suche einstellen wollen**: Ist eine Suche nach den einzelnen Figuren sinnvoll, oder eher nach Rawls' Theorie der Gerechtigkeit, oder nach dem Werk *A Theory of Justice* (wenn letzteres, in welcher der textlich und philosophisch verschiedenen Auflagen?), oder ganz breit nach John Rawls? Dies hängt sicherlich auch von Ihren zeitlichen Möglichkeiten ab – bei einem Referat sind Ihnen meist enge Grenzen gesetzt. Vor allem sollten Sie sich durch die Vielfalt der möglichen Suchen nicht irreführen lassen: Oft ist ein **langes Buchkapitel** zum »veil of ignorance« in einem allgemeinen Buch zu Rawls aussagekräftiger als ein kurzer Aufsatz der sich spezifisch und im Titel diesem Thema widmet. Eine einfache Suche, beispielsweise nach ›original position‹, wird nicht zum gewünschten Ergebnis führen. Daneben stellt sich bei fremdsprachigen Texten auch häufig die Frage der **Übersetzung**: Die Durchsicht mehrerer Werke zu Rawls wird Ihnen zeigen, dass die englischen Ausdrücke oft gänzlich unterschiedlich übersetzt werden:

- »theory of justice« – ›Theorie der Gerechtigkeit‹ oder ›Gerechtigkeitstheorie‹?
- »original position« – ›Urzustand‹ oder ›Ausgangsposition‹?
- »veil of ignorance« – ›Schleier der Unwissenheit‹ oder ›des Nichtwissens‹?

Um diesen Umständen zu begegnen, sollten Sie zunächst über eine breite Suche nach ›Rawls‹ **Standardwerke und Einführungen** (gegebenenfalls in verschiedenen Sprachen) **identifizieren** (z. B. Wolfgang Kersting: *John Rawls zur Einführung*). Eine gründliche Durchsicht solcher Werke kann Ihnen für die Sammlung von Suchbegriffen hilfreich sein. So können Sie auch – nicht zuletzt im Sinne der eigenen wissenschaftlichen Ausdrucksweise – die Standardübersetzung des Werkes ermitteln und den dort enthaltenen Formulierungen bei der weiteren Recherche Priorität geben. Und schließlich finden Sie dort erste Hinweise auf weitere wichtige Literatur zu Ihrem Thema – meistens sogar in ausreichender Tiefe für Ihre Proseminararbeit. Hier gilt also wiederum: **Recherchieren ist ein adaptives Verhalten**.

6.6 | Themenrecherche für eine Abschlussarbeit

Endlich ist es soweit: Sie schreiben Ihre **Abschlussarbeit im Fach Politikwissenschaft**. Sie verlassen die Sprechstunde in bester Laune, denn Sie haben Ihr Wunschthema bekommen, topaktuell und nicht nur an der Universität heiß diskutiert: »Die Position der EU in den Verhandlungen um das iranische Atomprogramm«. Da Sie in den letzten Semestern einige Seminare zur internationalen Sicherheitspolitik besucht haben, fühlen Sie sich bestens vorbereitet und haben auch schon eine Vorstellung davon, welche methodische Herangehensweise Sie wählen werden: Auf der Grundlage der Theorie der rationalen Entscheidung und der Spieltheorie werden Sie die Verhandlungsstrategien der europäischen Union analysieren, mögliche Alternativen aufzeigen und versuchen, Erfolgsfaktoren für gelungene Verhandlungen herauszuarbeiten.

Auch was die Recherche betrifft, müssen Sie nicht bei Null anfragen: Die **Grundlagenliteratur** zur Spieltheorie ist Ihnen bereits bekannt, und auch zur Sicherheitspolitik haben Sie einiges gelesen, was Ihnen bei diesem Thema nützlich sein kann. Ganz genau erinnern Sie sich an die Titel zwar nicht mehr, aber zum Glück haben Sie Ihre verwendete Literatur immer in Ihrem **Literaturverwaltungsprogramm** dokumentiert und sogar mit kurzen Beschreibungen versehen, so dass Sie die Quellen rasch wiederfinden werden.

Was Ihnen noch fehlt, ist vor allem die **aktuelle Literatur zu Ihrem speziellen Thema**. Neben der Forschungsdiskussion in den einschlägigen Fachzeitschriften möchten Sie auch die Darstellungen in der internationalen Tagespresse auswerten. Außerdem vermuten Sie, dass Organisationen wie die Internationale Atomenergiebehörde auf ihren Webseiten Material zu Ihrem Thema bieten könnten. Vielleicht findet sich ja auch etwas bei der EU.

Fachdatenbanken In der Bibliothek beginnen Sie Ihre Recherche mit den Ihnen bereits vertrauten ›Top-Datenbanken‹ zur Politikwissenschaft im Datenbank-Infosystem DBIS. Zuerst wählen Sie eine international ausgerichtete Forschungsdatenbank, in der Sie die Suchbegriffe ›iran nuclear program europe‹ eingeben. Das Ergebnis ist ein bisschen mager: Nur zwei Treffer, die aber immerhin für das Thema höchst relevant sind. Sie überlegen, wie Sie die **Suchstrategie** verbessern können, um ein vollständigeres Ergebnis zu bekommen. Die Schlagwörter der beiden gefundenen Treffer enthalten die Begriffe ›Nuclear weapons program‹, ›Iran‹ und ›Europe‹ – mit Ihrer Eingabe lagen Sie also im Prinzip nicht falsch. Allerdings enthält die Datenbank neben Schlagwörtern auch **Abstracts**, in denen Sie mit einer Freitextsuche vielleicht weitere Artikel finden könnten. Dazu müssen Sie aber Ihren Filter etwas unschärfer einstellen: Sie lassen den Begriff ›program‹ weg, da er für die inhaltliche Differenzierung des Gesuchten nicht notwendig ist, und decken die verschiedenen Wörter, die mit den Stämmen ›Iran‹ und ›Europe‹ gebildet werden können, durch den in der Datenbank gültigen Platzhalter ›*‹ ab. Tatsächlich ergibt die Eingabe ›nuclear iran* europe*‹ jetzt 35 Ergebnisse von den frühen 90er Jahren bis in die unmittelbare Gegenwart, die fast alle brauchbar sind.

Nach dem **Export der Ergebnisse in Ihre Literaturverwaltung** wechseln Sie zu einer zweiten Datenbank. Hier handelt es sich um eine deutschsprachige Ressource, in der neben Fachzeitschriften auch zahlreiche nationale und regionale Tageszeitungen durchsuchbar sind. Mit den Schlagwörtern ›Iran‹ und ›EU‹ sowie dem Stichwort ›atom*‹ finden Sie auf Anhieb über 50 Treffer, darunter auch viele sehr aktuelle Darstellungen, die Sie ebenfalls in Ihre persönliche Literaturverwaltung aufnehmen. Das genügt Ihnen fürs Erste – für einen späteren Zeitpunkt nehmen Sie sich allerdings noch die Recherche in einer spezialisierten Pressedatenbank vor.

Literatur-verwaltung

Und was bietet das Internet an Quellen zu Ihrem Thema? Das Portal der EU (http://europa.eu) ist nicht schwer zu finden, und die verschiedenen Informationsquellen zum Politikbereich ›Außenbeziehungen‹ sind dort übersichtlich zusammengestellt. Vielversprechend erscheint Ihnen vor allem die Datenbank ›RAPID‹, in der alle Pressemitteilungen der EU systematisch recherchierbar sind. Bei der Internationalen Atomenergiebehörde gibt es sogar ein Themenportal ›In Focus: IAEA and Iran‹ mit einer chronologisch geordneten Dokumentation und einem ausführlichen Pressespiegel.

Internetquellen

Angesichts dieses Erfolgs überlegen Sie sich, mit einer **Suchmaschine** nach weiteren Organisationen oder Forschungseinrichtungen zu recherchieren, die sich mit Sicherheitspolitik im Nahen Osten, Atomwaffenkontrolle oder ähnlichem befassen und ebenfalls Materialien zur Verfügung stellen. Es erscheint Ihnen jedoch dringlicher, erst einmal die Verfügbarkeit der gefundenen Fachliteratur zu überprüfen, um sie gegebenenfalls noch über die Fernleihe bestellen zu können. Denn nur ein geringer Teil der Artikel war **in den Fachdatenbanken im Volltext** enthalten; die meisten Ergebnisse lieferten nur die bibliografischen Angaben der jeweiligen Artikel. Sie recherchieren daher im **Online-Katalog Ihrer Bibliothek**, ob die entsprechenden Zeitschriften mit den gewünschten Jahrgängen vorhanden sind. Zum Glück ist das bei den meisten der Fall. Die übrigen bestellen Sie gleich per **Fernleihe** – und sind fast froh, dass Sie bis zu ihrem Eintreffen noch mindestens eine Woche Zeit haben

Bibliotheks-katalog

werden, um die Fülle des bereits verfügbaren Materials zu bearbeiten. Eines jedenfalls wissen Sie bereits jetzt: An mangelnden Informationen wird Ihre Abschlussarbeit nicht scheitern!

6.7 | Literaturrecherche auf Forschungsniveau

Sie schreiben **eine längere Arbeit** über den französischen Philosophen Gilles Deleuze und stoßen dabei auf folgendes Phänomen: Deleuze legte im Jahre 1989 fest, dass in Sammlungen seiner Aufsätze kein Aufsatz vor 1953 aufgenommen werden dürfe (s. Gilles Deleuze: *Die einsame Insel. Texte und Gespräche von 1953 bis 1974*. Hrsg. David Lapoujade. Frankfurt a.M.: Suhrkamp 2003, S. 7). In der Literatur zu Deleuze werden die frühen Essays jedoch dennoch verwendet, allerdings sind sie durch den vermiedenen Nachdruck für Bibliotheksbenutzer/innen nur schwer zu finden und noch schwerer zu beschaffen. Sie wollen die Entwicklung von Deleuzes Denken nachverfolgen und beschließen, der Sache auf den Grund zu gehen. Zwei der frühen Essays sollen hier als Recherchebeispiel dienen.

Aus **Bibliografien** sind zunächst nur die folgenden Angaben verfügbar:

> Gilles Deleuze, »Description de la femme: pour une philosophie d'autrui sexée«. *Poésie 45*, no 28, oct-nov 1945, pp. 28-29

und

> Gilles Deleuze, »Du Christ à la bourgeoisie«. *Espace* (1946), pp. 93–106.

Beginnen wir mit dem ersten Aufsatz. Aufgrund ihres allgemeinen Namens ist die Zeitschrift *Poésie* nur schwer zu lokalisieren. Wie geht man am besten vor? Da allgemeine Bibliothekskataloge wie der Karlsruher Virtuelle Katalog (http://www.ubka.uni-karlsruhe.de/kvk.html) keine Aufsätze verzeichnen und oft nicht auf eine Publikationsform (hier: Zeitschrift) einschränkbar sind, ist ein Recherchemedium zu wählen, das a) bibliografisch so umfassend wie möglich ist, b) eine Einschränkung auf Zeitschriften erlaubt und c) eine Lokalisierung der Zeitschrift ermöglicht. Hier empfiehlt sich die Zeitschriftendatenbank (http://dispatch. opac.ddb.de/): Sie erfasst alle Zeitschriftenbestände in deutschen Bibliotheken, inclusive Angaben zu den vorhandenen Jahrgängen und Heften sowie allen Titeländerungen.

In der Zeitschriftendatenbank ist aufgrund der Komplexität der Suchanfrage die ›Erweiterte Suche‹ zu wählen. Die Allgemeinheit des Titels zwingt uns dazu, die Suchkategorie ›Titelanfang‹ zu verwenden, wenn wir nicht in einer Vielzahl nicht brauchbarer Ergebnisse nach unserem Treffer suchen wollen. Daher: ›Titelanfang‹ = ›poésie‹. Die voreingestellte Sortierung nach Erscheinungsjahr lassen wir stehen, sie ist uns bei der Ermittlung einer Zeitschrift, die 1945 erschienen ist, hilfreich. Unter den 59 Ergebnissen und der Vielzahl der Zeitschriften mit dem Namen *Poésie* findet sich unter den älteren Titeln schließlich als einzig passende die Angabe:

> **Poésie ‹Paris› :** *revue mensuelle des lettres.* - Paris : Seghers 1.1940 - 8.1947 = Nr. 1-41; damit Ersch. eingest.

Klickt man auf den Titel der Zeitschrift, wird eine Liste aller deutschen Bibliotheken angezeigt, die Jahrgänge bzw. Hefte dieser Zeitschrift besitzen – in diesem Falle 11 an der Zahl. Klickt man nun auf die einzelnen Bibliotheken, wird angezeigt, welche Jahrgänge bzw. Hefte die Bibliothek besitzt und ob die Bibliothek diese auch für die Fernleihe bereitstellt. Hier wird nun schnell deutlich, dass nur zwei Bibliotheken das gewünschte Heft definitiv in gedruckter Form besitzen und es auch für die Fernleihe zur Verfügung stellen – die Universitätsbibliothek Frankfurt/Main und die Universitätsbibliothek Duisburg-Essen. Dies reicht uns jedoch völlig aus: Der Aufsatz kann nun problemlos als Fernleihkopie bestellt werden.

Die Suche nach dem zweiten Aufsatz gestaltet sich schwieriger: Bei einer gleichartigen Suche nach dem Titelanfang ›espace‹ erscheint in den Ergebnissen keine geeignete Zeitschrift (die früheste ist ab 1963 erschienen). Handelt es sich vielleicht um keine echte Zeitschrift, sondern um einen Mischtyp? Bevor wir dieser Möglichkeit nachgehen, sollten wir jedoch die Zeitschriftenhypothese außerhalb Deutschlands verfolgen: Hier lohnt sich eine Recherche im nationalen Verbundkatalog der französischen Hochschul- und Forschungsbibliotheken, SUDOC (http://www.sudoc.abes.fr/); auch möglich: Catalogue collectif de France (http://www.ccfr.bnf.fr/). Nehmen wir wieder die erweiterte Suche, ›Recherche avancée‹. Hier wählen wir unten den Publikationstyp ›Périodiques‹ aus und geben in einer Suchzeile in der Kategorie ›Titre complet‹ (da es sich bei ›Espace‹ vermutlich um den gesamten Haupttitel der Zeitschrift handelt) ›espace‹ ein (Groß- und Kleinschreibung ist in Katalogen nur in den seltensten Fällen relevant). Auch hier behalten wir die Sortierung nach Publikationsjahr bei. Unter den 229 Treffern findet sich durch die Sortierung schnell der einzige geeignete Treffer:

Internationale Kataloge

> **Titre : Espace [Texte imprimé] :** Pour la défense des lettres en province / Henri Coulet
> **Auteur(s) :** Coulet, Henri (1920–….).
> **Date(s) :** 1945–1946
> **Numérotation :** 1 (1945, mars)-
> **Périodicité :** mensuel
> **Editeur(s) :** Clermont-Ferrand : Revue Espace, 1945–1946
> **ISSN :** 1245-7930
> **Titre clé :** Espace (Clermont-Ferrand)
> **Autre(s) titre(s) :** Espace (Paris. 1946)

Bestellen in
ausländischen
Bibliotheken

Die Zeitschrift ist also nur zwei Jahre lang erschienen, teilweise in Clermont-Ferrand, teilweise in Paris. Klickt man nun in der blau eingefärbten Zeile auf ›Localisation‹, bekommt man wiederum angezeigt, in welchen französischen Bibliotheken welche Jahrgänge und Hefte der gewünschten Zeitschrift vorhanden sind. Schnell zeigt sich, dass lediglich vier Bibliotheken überhaupt Hefte der Zeitschrift besitzen, drei davon jedoch lediglich aus dem Jahre 1945. Der vierte Treffer führt uns zur französischen Nationalbibliothek (Bibliothèque Nationale de France) in Paris, die über das sogenannte Pflichtexemplarrecht Exemplare aller in Frankreich gedruckten Büchern und Zeitschriften erhält. Gehen wir über den angebotenen Link zum Katalog der BnF, ›Bn-Opale plus‹, müssen wir nun leider noch einmal neu nach dem Titel recherchieren, wieder mit einer ›Recherche avancée‹. Als Dokumenttyp wählen wir unten nur ›Texte imprimé‹ und darunter nur ›Périodiques et collections‹ aus. In der Suchkategorie ›Titre‹ suchen wir nach ›espace‹ (eingestellt ist ›commence par‹, wir suchen also nach einem Titelanfang) und stellen die Anzeige auf 100 ›résultats par page‹ ein. Unter den 51 Suchergebnissen findet sich schnell der Kurztitel ›Espace (Clermont-Ferrand)‹. Die Vollanzeige zeigt uns, dass wir den richtigen Titel gefunden haben und dass die BnF über zwei Microfiche-Ausgaben und eine Druckausgabe verfügt. Hier bietet sich uns nun die Möglichkeit, über ›reproduire‹ kostenpflichtig eine Reproduktion des Aufsatzes zu bestellen, digital oder als Fotokopie. Alternativ kann eine **internationale Fernleihe** ausgelöst werden, die bei Kopienlieferung ebenfalls kostenpflichtig ist.

7. Epilog: Was in der Praxis dennoch schiefgeht

Trotz aller Vorbereitung geht in der Praxis häufig etwas schief – Sie sitzen vor dem Bildschirm und wissen nicht weiter. Vielleicht können Ihnen die folgenden **Fälle aus der Praxis** sofort weiterhelfen, vielleicht regen Sie sie an, Ihre eigenen Erwartungen an eine Recherche zu überprüfen, vielleicht können sie Ihnen aber auch nur deutlich machen, wie wichtig es ist, einen **Experten zu fragen**, wenn man nicht weiterkommt – denn häufig hilft in der Datenvielfalt schon ein geübtes Auge:

7.1 | Das Buch ist ein Aufsatz

Hallo Herr X!

Frage

Ich habe vor circa zwei Wochen bei Ihnen eine Einführung in das Recherchieren mit Datenbanken etc. gemacht. Damals haben Sie gesagt, dass Sie uns helfen würden, wenn wir ein Buch einfach nicht finden. Ich stehe jetzt vor so einem Problem. Ich brauche nämlich ganz dringend das Buch:

> **Blomert, L. & Buslach, D.C. (1994). Funktionelle Aphasiediagnostik mit dem Amsterdam-Nijmegen Everyday Language Test (ANELT), Forum, 2, 3-6**

Über die Fernleihe findet man aber nur folgendes Buch:

> **Ressource &v_separator BVB-Verbundkatalog Titel &v_separator Amsterdam-Nijmegen Everyday language test : ANELT ; deutsche Fassung Weiterer Verfasser &v_separator Blomert, Leo Jahr 1997 Impressum Göttingen : Testzentrale, 1997. Sonstiger Titel ANELT**
> **Gen. Fussnote Erscheint nicht (25.03.2003 / UBR) Verbund-ID BV011612112 Bestand Universitätsbibliothek Regensburg (Sigel: 355)**

Das ist denke ich nicht das Richtige?!? Ein anderes habe ich aber nicht gefunden?! Können Sie mir da irgendwie weiterhelfen? Wenn nicht, ist auch nicht so schlimm...! Vielen vielen Dank schon mal!!!

Antwort

Liebe Frau Y,
die Antwort ist ganz einfach: Es handelt sich nicht um ein Buch (deshalb ist es auch in den Katalogen nicht zu finden), sondern um einen Zeitschriftenaufsatz (steht ja auch eine Jahrgangszahl dabei). Die Zeitschrift heißt aber nicht *Forum*, sondern *Forum Logopädie* (kann man z. B. über eine pädagogische Aufsatzdatenbank herausfinden). Es gibt sie in der Bibliothek.

Hope it helps & herzliche Grüße

7.2 | Die Fragestellung ist zu eng

Frage

Sehr geehrter Herr X,

ich habe letzte Woche die Einführung zu den Datenbanken von Ihnen besucht und hatte Sie danach noch angesprochen wegen Sekundärliteratur für ein Gedicht aus dem 18. Jahrhundert. Sie empfahlen mir die MLA und ABELL. Inzwischen bin ich die Datenbanken durchgegangen und bin leider immer noch nicht fündig geworden. Zwar finden sich viele Primärtexte und Angaben zu der Verfasserin, jedoch nichts, was ich für eine Gedichtinterpretation gebrauchen könnte. Da ich nun am Ende meines Lateins bin, wollte ich Sie nach einem Insider-Tipp fragen. Hätten Sie da einen für mich? Es handelt sich um das Gedicht »Man the Monarch« von Mary Leapor, verfasst im 18. Jahrhundert. Ich wäre Ihnen sehr dankbar, wenn Sie mir irgendwie weiterhelfen könnten.

Mit freundlichen Grüßen

Antwort

Sehr geehrte Frau Z,

der Trick ist, dass es in wissenschaftlicher Sekundärliteratur eher selten Aufsätze gibt, die sich ausschließlich mit einem einzigen kurzen Gedicht befassen – hier sollten Sie generell die Sekundärliteratur zu Mary Leapor lesen (dazu bringen ja Datenbanken wie die MLA eine ganze Reihe von Treffern) und nach Hinweisen auf dieses Gedicht suchen, auch in Monografien wie Greene, R. (1993): Mary Leapor: a study in eighteenth century women's poetry. Oxford: Clarendon Press. Gute Hinweise geben auch meist Werke wie *An Encyclopedia of British Women Writers* oder das (auch elektronisch verfügbare) *Oxford Dictionary of National Biography* her; ich würde zusätzlich nach Nachschlagewerken speziell zu Schriftstellerinnen des 18. Jahrhunderts suchen sowie breitere Sekundärliteratur verwenden, etwa: Schellenberg, B.A. (2005): The professionalization of women writers in eighteenth-century Britain. Cambridge: Cambridge University Press, oder Batchelor, J. (2005): British women's writing in the long eighteenth century: authorship, politics and history. Basingstoke: Palgrave Macmillan. Auch in der relativ neuen kritischen Leapor-Ausgabe sollten sich Hinweise finden: Greene, R.; Messenger, A. (eds) (2003): The works of Mary Leapor. Oxford: Oxford University Press.

Hope it helps, viele Grüße

7·3 | Die Suche wird zu stark eingeschränkt

Lieber Herr X,

Frage

ich war jüngst erstaunt zu sehen, dass ein sehr wichtiges Standardwerk in Ihrer Bibliothek nicht vorhanden ist – könnten Sie bitte diese krasse Lücke ergänzen?

> **Wentzlaff-Eggebert, Harald: Lesen als Dialog: Französische Moralistik in texttypologischer Sicht. Heidelberg: Winter 1986.**

Mit freundlichen Grüßen

Lieber Herr P,

Antwort

das Buch *Lesen als Dialog* ist in der Bibliothek vorhanden und problemlos im OPAC zu finden (z. B. über die zwei Stichwörter ›Lesen‹ und ›Dialog‹).

Herzliche Grüße

Frage

Lieber Herr X,

vielen Dank für die Mühe. Ihre Hilfsbereitschaft freut mich sehr. Was mich umgekehrt verwundert, ist die Tatsache, dass meine präzise Datenangabe eben nicht zum positiven Ergebnis geführt hatte. Wieso ist die ungefähre Angabe erfolgversprechender als die genaue?

Mit Dank und Gruß!

Antwort

Lieber Herr P,

das hängt davon ab, was Sie genau eingegeben haben. Manchmal ist es ein einfacher Tippfehler (gerade bei komplizierten Wörtern oder Namen, wie in Ihrem Beispiel), manchmal ist die Datenstruktur anders als es der OPAC-Nutzer erwartet, es gibt viele Gründe. Als Grundprinzip sollte man beachten, so wenige Wörter wie möglich und so charakteristische Wörter wie möglich zu verwenden. Die ›genauere‹ bzw. vielmehr die detailreichere Suchanfrage ist meist auch die fehlerträchtigere! Würden Sie mir Ihre Suchanfrage noch einmal genau beschreiben?

Herzliche Grüße

Frage

Lieber Herr X,

vielen Dank für die Tipps in Sachen Tippfehler usw. Ich bin mir da eigentlich keiner Schuld bewusst... Also machen wir einen neuen Test nach dem Prinzip ›Neues Spiel – neues (Un)Glück‹! Es geht um einen Klassiker der Erzähltheorie, nämlich Gérard Genettes *Figures III* von 1972, also mal um einen Titel mit den gewünschten wenigen Wörtern. Von mir eingegeben wurde mal der komplette authentische Titel (›Figures III‹), mal ›Trois‹ ausgeschrieben, mal ganz weggelassen (also nur ›Figures‹); dazu wurde jeweils der korrekte volle Name und das Erscheinungsjahr eingegeben, weil Genette ja auch noch weitere ›Figures‹ publiziert hat. ... und immer Fehlanzeige! Wo liegt dieses Mal die von mir nicht durchschaute Zauberformel?

Wieder mit Dank und Gruß!

Antwort

Lieber Herr P,

Kataloge sind keine Zauberei! Die Lösung hier ist ganz einfach: Genettes Werk wurde als mehrbändiges Werk aufgefasst, daher suchen Sie zuerst das Hauptwerk (Autor: ›Genette‹, Titelwort: ›Figures‹), finden das Gesamtwerk und wählen dann ›Einzelbände‹ an. Diese Struktur ist grundsätzlich vor allem deshalb erforderlich, weil es bibliografisch sehr komplexe Werke mit vielen Teilen und Unterteilungen gibt – diese sind in dieser hierarchischen Darstellung am besten zu finden. Wie gesagt, manchmal ist die Datenstruktur anders als es ein/e OPAC-Nutzer/in erwartet. Hier kommt es darauf an, möglichst einfach aber prägnant zu suchen und nicht zu viele Suchtermini einzugeben.

Herzliche Grüße

Frage

Lieber Herr X,

schönen Dank für die prompte Aufklärung; ich verhehle nicht, dass ich das Prinzip so einfach nicht finde, widerspricht es doch dem bibliografischen Brauch, wonach die Zugehörigkeit eines Buches zu einer Reihe eher eine nachgeordnete und – beim Zitieren in einer wiss. Arbeit – sogar entbehrliche Größe darstellt. Jedenfalls habe ich nun gelernt, dass jedes Buch, das tendenziell Teil einer Reihe oder einer Gruppe darstellt, besser nach dem Reihentitel und ohne Jahresangabe recherchiert werden muß... Denn – um nochmals auf den Genette zurückzukommen: Ich hatte es auch mit ›Genette‹ und ›Figures‹ ganz allgemein versucht; was die Sache wohl verhaute, war die von mir zur Identifizierung noch hinzugefügte Jahreszahl.

Mit anhaltendem Dank und herzlichem Gruß

Antwort

Lieber Herr P,

die Zugehörigkeit eines Buches zu einer Reihe stellt in der Tat eher eine nachgeordnete und – beim Zitieren in einer wiss. Arbeit – sogar entbehrliche Größe dar, nicht aber die Zugehörigkeit eines Buches zu einem mehrbändigen Werk, und als solches ist hier *Figures* aufgefasst worden. (Ob dies angesichts des eigenständigen inhaltlichen Charakters in diesem Fall sinnvoll ist, ist eine andere

Frage.) Der Fehler war in der Tat die Eingabe der Jahreszahl, da ein Werk ja durchaus nur in einer anderen als der von Ihnen angegebenen Auflage in der Bibliothek vorhanden sein kann. – Bei Werken, die zu einer Reihe gehören, verzeichnen wir sogar in der Tat auch die Reihe (kann manchmal auch nützlich sein), die einzelnen Bücher sind dann aber über sog. ›Stücktitel‹ zu finden.

Herzliche Grüße

7.4 | Es gibt gar nicht genügend Information

Frage

Hallo Herr X,

mein Name ist Q. Ich habe bei Ihnen bereits vor ca. einem Jahr eine Schulung bzgl. der Literaturrecherche besucht. Nun hätte ich aber doch noch eine Frage an Sie: Ich würde gerne in ganz bestimmten Zeitschriften (z. B. *Sprache-Stimme-Gehör*, *Forum Logopädie*, *Die Sprachheilarbeit* etc.) nach einem bestimmten Therapieansatz suchen. Ich habe bereits versucht, über die Datenbanken Artikel zu diesem Therapieansatz zu finden (mit allen möglichen Suchbegriff-Varianten). Zudem habe ich versucht, über die elektronischen Zeitschriften in der jeweiligen Zeitschrift darin erschienene Artikel zu finden, doch leider sind diese mit einer roten Ampel vermerkt, so dass dies nicht möglich war. Eine direkte Suche über den Katalog blieb leider auch erfolglos. Wäre es möglich, dass Sie mir weiterhelfen könnten, wie ich nun genau in den jeweiligen Zeitschriften suchen kann (ohne jeden einzelnen Band in der Pädagogik-Bibliothek durchsuchen zu müssen)?

Vielen Dank für Ihre Mühen und herzliche Grüße,

Antwort

Liebe Frau Q,

dass Sie nichts finden, liegt an verschiedenen Gründen, die zusammenwirken:
a) *Die Sprachheilarbeit* gibt es nicht elektronisch, *Sprache-Stimme-Gehör* und *Forum Logopädie* zwar schon, nur hat sie niemand in der gesamten Region lizenziert – d. h. die elektronische Version ist für Sie nicht zugänglich.

b) Die von Ihnen genannten Journals werden von den Hauptda-
tenbanken in den Fächern Medizin, Psychologie, Pädagogik nicht
indexiert, in weiteren relevanten Datenbanken (›Gateway Bayern‹,
›BLLDB‹) kann man nicht auf den ›Journal Title‹ einschränken – so
dass ich in Unkenntnis des gewünschten Therapieansatzes nicht
weitersuchen kann.

Wenn Sie mir den Therapieansatz nennen, könnte man bei b) noch
einmal weiterrecherchieren, um wenigstens die relevanten Aufsatz-
titel zu ermitteln. Ansonsten: Die meisten gedruckten Zeitschriften
haben a) Jahresinhaltsverzeichnisse und b) Register(bände), in
letzteren sind auch entsprechende Schlagwörter verzeichnet.

Viele Grüße

Frage

Lieber Herr X,

vielen Dank für Ihre schnelle Antwort und Ihre Informationen.
Leider habe ich bis jetzt über den Therapieansatz (LOOFT – logo-
pädisch orientierte orofaziale Therapie von Elisabeth Hammerle)
nur einen einzigen Beitrag im Buch Orofaziale Dysfunktionen im
Kindesalter von W. Bigenzahn gefunden. Eine Suche über ›Gateway
Bayern‹ oder ›BLLDB‹ hat leider keine Ergebnisse gebracht (oder ich
war einfach unfähig :)) Es wäre schön, wenn Sie mir weiterhelfen
könnten,

nochmals danke und viele Grüße

Antwort

Liebe Frau Q,

gern, nur gibt es ein Problem: Nach meinen Recherchen gibt es zu
dieser spezifischen Methode in der Tat nur den einen von Ihnen er-
wähnten Lehrbuch-Artikel (der auch schon seit 1995 immer wieder
abgedruckt wird) sowie einige kurze Erwähnungen, die auf diesen
rekurrieren – es fragt sich deshalb, ob sich dieser Ansatz wirklich für eine längere wissenschaftliche Arbeit eignet. Falls schon:
Soweit ich sehe, ist Frau Hammerle in Österreich tätig – vielleicht
würde sich eine kurze Fahrt über die Grenze lohnen?

Viele Grüße

8. Materialien

8.1 | Standards der Informationskompetenz

Informationskompetenz geht über die Recherche hinaus. Die deutschen wissenschaftlichen Bibliotheken haben ausführlich diskutiert, was der Begriff umfasst und über welche Fähigkeiten ein Studierender während seines Studiums und nach dessen Abschluss verfügen sollte. Über die folgenden grundlegenden Standards der Informationskompetenz ist man sich mittlerweile deutschlandweit weitgehend einig – anhand dieser Standards können Sie überprüfen, wie weit Sie in Ihrem Studium sind, und sich selbst weitere Lernziele setzen:

Erster Standard: Sie können Ihren Informationsbedarf erkennen und formulieren und bestimmen Art und Umfang der benötigten Informationen.
  Das bedeutet:
1. Sie können Ihren Informationsbedarf definieren und artikulieren.
2. Sie kennen unterschiedliche Arten und Formate der Information mit ihren jeweiligen Vor- und Nachteilen.
3. Sie berücksichtigen Kosten und Nutzen der Beschaffung benötigter Informationen.
4. Sie sind in der Lage, Art und Umfang der benötigten Informationen zur Lösung eines Problems zu überprüfen und gegebenenfalls zu modifizieren.

Zweiter Standard: Sie können sich effizient Zugang zu den benötigten Informationen verschaffen.
  Das bedeutet:
1. Sie können die am besten geeigneten Recherchesysteme und Recherchemethoden auswählen, um Zugang zur benötigten Information zu erhalten.
2. Sie können effektive Suchstrategien entwickeln.
3. Sie nutzen unterschiedliche Recherchesysteme und Suchstrategien zur Beschaffung von Informationen.

Dritter Standard: Sie können die gefundenen Informationen und Quellen bewerten und wählen sie für Ihren Bedarf aus.

Das bedeutet:

1. Sie kennen Kriterien zur Beurteilung von Informationen.
2. Sie können Menge und Relevanz der gefundenen Informationen beurteilen und modifizieren gegebenenfalls Ihre Suchstrategie.
3. Sie können Ihren Informationsstand als Ergebnis eines Informationsprozesses reflektieren.

Vierter Standard: Sie können die gewonnenen Erkenntnisse effektiv verarbeiten und sie – angepasst an die jeweilige Zielgruppe und mit geeigneten technischen Mitteln – vermitteln.

Das bedeutet:

1. Sie können die gewonnenen Informationen und ihre Quellen exzerpieren, speichern und verwalten.
2. Sie nutzen die geeigneten technischen Mittel zur Präsentation Ihrer Ergebnisse.
3. Sie können ihre Ergebnisse zielgruppenorientiert vermitteln.

Fünfter Standard: Sie sind sich Ihrer Verantwortung bei der Informationsnutzung und -weitergabe bewusst.

Das bedeutet:

1. Sie befolgen Gesetze, Verordnungen, institutionelle Regeln sowie Konventionen, die sich auf den Zugang und die Nutzung von Informationsressourcen beziehen.
2. Sie sind sich der ethischen, rechtlichen und sozio-ökonomischen Fragestellungen bewusst, die mit der Nutzung von Information und Informationstechnologie verbunden sind.

8.2 | Allgemeine und fachbezogene Rechercheführer

Online-Rechercheführer

Die hier beispielhaft aufgelisteten Online-Rechercheführer geben Ihnen zum einen wertvolle Hinweise auf weitere fachliche und fachübergreifende Recherchemedien; zum anderen enthalten Sie auch teilweise E-Learning-Elemente, die es Ihnen ermöglichen, Ihre Kenntnisse interaktiv zu vertiefen.

E-Learning-Angebot der Universitätsbibliothek Duisburg-Essen
(http://moodle.uni-duisburg-essen.de/course/category.php?id=17).

hbz Werkzeugkasten des Hochschulbibliothekszentrums des Landes
Nordrhein-Westfalen (http://www.hbz-nrw.de/recherche/linksammlung/)

Informationskompetenz – freie Lernmodule für Einsteiger der
UB Konstanz (http://ilias.ub.uni-konstanz.de/ilias3/goto.php?target=
cat_48&client_id=ilias_uni).

LOTSE: Library Online Tour and Self-Paced Education
(http://lotse.uni-muenster.de/).

Online-Tutorial NRW (www.ulb.uni-bonn.de/otnrw/).

UB-Tutoren der Universitätsbibliothek Freiburg
(http://www3.ub.uni-freiburg.de/index.php?id=969).

Gedruckte Rechercheführer

Die hier genannten gedruckten Rechercheführer enthalten je nach Publikationsdatum mehr oder weniger aktuelle Informationen. Sie sind vor allem für das Auffinden gedruckter Nachschlagewerke hilfreich. Für das Auffinden elektronischer Recherchemedien sollten Sie das Informationsangebot Ihrer Hochschulbibliothek nutzen.

Baumgart, Winfried: Bücherverzeichnis zur deutschen Geschichte. 13. Aufl. Frankfurt a.M.: dtv 1999.

Blinn, Hansjürgen: Informationshandbuch Deutsche Literaturwissenschaft. 2. Aufl. d. 4. Ausg. Frankfurt a.M.: Fischer 2003.

Bresemann, Hans J. u.a.: Wie finde ich Normen, Patente, Reports. 2. Aufl. Berlin: BWV 2001.

Eder, Franz Xaver u.a.: Geschichte Online: Einführung in das wissenschaftliche Arbeiten – Literatur- und Informationsrecherche. Stuttgart: UTB 2006.

Feldmann, Reinhard/Schultze, Klaus: Wie finde ich Literatur zur Geschichte. 3. Aufl. Berlin: BWV 1997.

Gaedecke, Nicola: Biowissenschaftlich recherchieren: Über den Einsatz von Datenbanken und anderen Ressourcen der Bioinformatik. Basel: Birkhäuser 2007.

Gantert, Klaus: Elektronische Informationsressourcen für Germanisten. Berlin: De Gruyter 2010.

Gasteiner, Martin/Haber, Peter: Digitale Arbeitstechniken für die Geistes- und Kulturwissenschaften. Stuttgart: UTB 2009.

Goemann-Singer, Alja u. a.: Recherchehandbuch Wirtschaftsinformationen: Vorgehen, Quellen und Praxisbeispiele. 2. Aufl. Berlin: Springer 2004.

Gullath, Brigitte/Heidtmann, Frank: Wie finde ich altertumswissenschaftliche Literatur. Berlin: BWV 1998.

Hansel, Johannes/Kaiser, Lydia: Literaturrecherche für Germanisten. 10. Aufl. Berlin: Erich Schmidt 2003.

Harner, James L.: Literary Research Guide. 5. Aufl. New York: MLA 2008.

Jankowski, Terry Ann: The MLA Essential Guide to Becoming an Expert Searcher. New York, NY: Neal-Schuman 2008.

Jenkins, Fred W.: Classical Studies: A Guide to the Reference Literature. 2. Aufl. Westport, CT: Libraries Unlimited 2006.

Jeßing, Benedikt: Bibliographieren für Literaturwissenschaftler. Stuttgart: Reclam 2003.

Kleibel, Veronika/Mayer, Hanna: Literaturrecherche für Gesundheitsberufe. 2. Aufl. Wien: facultas.wuv 2008.

Korwitz, Ulrich/Heidtmann, Frank: Wie finde ich medizinische und pharmazeutische Literatur. 3. Aufl. Berlin: BWV 2001.

Lester, Ray (Hg.): The New Walford Guide to Reference Resources. 3 Bde. London: Facet 2005f.

Prévoteau, Marie-Hélène/Utard, Jean-Claude: Manuel de bibliographie générale. Paris: Éditions du cercle de la librairie 1996.

Retlich, Norbert: Literatur für das Philosophiestudium. Stuttgart: Metzler 1998.

8.3 | Die wichtigsten fachübergreifenden Aufsatzdatenbanken

Academic Search Complete (ASC): Diese fachübergreifende bibliografische Datenbank ist, soweit es sich um internationale Publikationen handelt, besonders für ein erstes größeres Einlesen in ein Themengebiet geeignet: Denn neben der hervorragenden Suchoberfläche (mit zahlreichen Verfeinerungsmöglichkeiten sowie mit Alerting-, RSS- und Export-Angebot) und bibliografischen Angaben sowie Abstracts von Aufsätzen aus über 10.000 Zeitschriften bietet die Datenbank direkt die Aufsatz-Volltexte von mehr als 6000 Zeitschriften. Die Angaben gehen teilweise zurück bis ins Jahr 1887.

JSTOR: Aufgelöst bedeutet der Name dieser Datenbank »journal storage« – in der Tat handelt es sich bei JSTOR um eines der weltweit wichtigsten elektronischen Zeitschriftenarchive, d.h. hier sind wie bei Academic Search Complete Aufsatz- und Volltextdatenbank kombiniert. Die enthaltenen Publikationen gehen ebenfalls bis in das 19. Jahrhundert zurück; der Schwerpunkt liegt in den Geistes- und Sozialwissenschaften.

→ Die jeweils aktuellsten Jahrgänge sind bei ASC und JSTOR meist nicht im Volltext zugänglich (hier gibt es verlagsbedingt eine »moving wall«, d.h. eine zeitliche Verzögerung von jeweils etwa ein bis fünf Jahren, je nach Titel)!

Tipp

Internationale Bibliographie der Geistes- und Sozialwissenschaftlichen Zeitschriftenliteratur (IBZ): Diese fachübergreifende Aufsatzdatenbank verzeichnet über 3 Millionen Aufsätze aus über 11.000 Zeitschriften ab dem Jahre 1983.

Der Schwerpunkt liegt in den Geistes- und Sozialwissenschaften. Eine Liste der verzeichneten Zeitschriften finden Sie unter http://www.degruyter.de/files/pdf/9783598690068Quellenliste%28d%29.pdf.

Web of Science: In dieser fachübergreifenden Datenbank mit besonderen Stärken in der Naturwissenschaft werden über 9000 wissenschaftliche Zeitschriften laufend ausgewertet, verzeichnet sind über 37 Millionen Aufsätze. Besondere Services sind die Möglichkeit, Zitate weiterzuverfolgen (›Cited References‹), und die Möglichkeit, Aufsätze zu suchen, die einen bestimmten Aufsatz zitieren (›Cited Reference Search‹).

Periodicals Index Online: Diese Datenbank ermöglicht die bibliografische Recherche nach Artikeln aus rund 4800 Zeitschriften der Geistes- und Sozialwissenschaften zwischen 1739 und 2000. Auf die im Schwesterprodukt ›Periodicals Archive Online‹ enthaltenen Volltexte kann man per Link direkt zugreifen.

Fragen Sie in Ihrer Bibliothek nach diesen Datenbanken! Weitere große interdisziplinäre Bibliografien werden nur in einzelnen Bundesländern und Bibliotheksverbünden angeboten (z.B. JADE in Nordrhein-West-falen oder die BVB-Aufsatzdatenbank in Bayern).

8.4 | Literatur zum wissenschaftlichen Arbeiten

Die Literaturrecherche ist nur ein (wenn auch zentraler) Aspekt der Technik wissenschaftlichen Arbeitens. Zu den anderen Aspekten gibt es von vielen deutschen Verlagen entsprechende Einführungen, auch für einzelne Fächer, die teilweise auch die Literaturrecherche behandeln – eine Auswahl aktueller allgemeiner Werke listen wir Ihnen hier auf:

Andermann, Ulrich u.a.: Duden. Wie verfasst man wissenschaftliche Arbeiten? Ein Leitfaden für das Studium und die Promotion. 3. Aufl. Mannheim: Bibliographisches Institut 2006.

Bänsch, Axel/Alewell, Dorothea: Wissenschaftliches Arbeiten. 10. Aufl. München: Oldenbourg 2009.

Eco, Umberto: Wie man eine wissenschaftliche Abschlußarbeit schreibt. Doktor-, Diplom- und Magisterarbeit in den Geistes- und Sozialwissenschaften. 12. Aufl. Stuttgart: UTB 2007.

Esselborn-Krumbiegel, Helga: Von der Idee zum Text. Eine Anleitung zum wissenschaftlichen Schreiben. 3. Aufl. Stuttgart: UTB 2008.

Franck, Norbert: Die Technik wissenschaftlichen Arbeitens: Eine praktische Anleitung. 15. Aufl. Stuttgart: UTB 2009.

Franck, Norbert: Handbuch Wissenschaftliches Arbeiten. 2. Aufl. Frankfurt a.M.: Fischer 2007.

Frank, Andrea/Haacke, Stefanie/Lahm, Swantje: Schlüsselkompetenzen: Schreiben in Studium und Beruf. Stuttgart: Metzler 2007.

Karmasin, Matthias/Ribing, Rainer: Die Gestaltung wissenschaftlicher Arbeiten: Ein Leitfaden für Seminararbeiten, Bachelor-, Master- und Magisterarbeiten, Diplomarbeiten und Dissertationen. 4. Aufl. Stuttgart: UTB 2009.

Kornmeier, Martin: Wissenschaftlich schreiben leicht gemacht: für Bachelor, Master und Dissertation. 2. Aufl. Stuttgart: UTB 2009.

Niederhauser, Jürg: Duden. Die schriftliche Arbeit – kurz gefasst: Eine Anleitung zum Schreiben von Belegarbeiten in Schule und Studium. Literatursuche, Materialsammlung und Manuskriptgestaltung mit vielen Beispielen. Mannheim: Bibliographisches Institut 2006.

Sesink, Werner: Einführung in das wissenschaftliche Arbeiten: Internet, Textverarbeitung, Präsentation. 7. Aufl. München: Oldenbourg 2007.

Standop, Ewald/Meyer, Matthias L.G.: Die Form der wissenschaftlichen Arbeit: Grundlagen, Technik und Praxis für Schule, Studium und Beruf. 14. Aufl. Wiebelsheim: Quelle & Meyer 2008.

Stickel-Wolf, Christine/Wolf, Joachim: Wissenschaftliches Arbeiten und Lerntechniken: Erfolgreich studieren – gewusst wie! 5. Aufl. Wiesbaden: Gabler 2009.

Theisen, Manuel R.: Wissenschaftliches Arbeiten: Technik – Methodik – Form. 14. Aufl. München: Vahlen 2008.

Theisen, Manuel R.: ABC des wissenschaftlichen Arbeitens: Erfolgreich in Schule, Studium und Beruf. München: dtv 2006.

8.5 | Weiterführende Publikationen und Links

ACRL: Information Literacy Competency Standards for Higher Education. Chicago, IL: ACRL 2000.

> Die grundlegende Publikation zu den für das wissenschaftliche Arbeiten erforderlichen Fähigkeiten. Die Standards der amerikanischen ACRL haben auch in Deutschland eine hohe Verbreitung erfahren und können auch zur Formulierung von Studienzielen dienen.

Alpert, Jesse/Hajaj, Nissan: »We knew the web was big...«. Blog-Beitrag 2008. (http://googleblog.blogspot.com/2008/07/we-knew-web-was-big.html).

> Eine Billion Seiten – hier bekommt man einen Eindruck, wie stark das Wachstum des Internets ist und welche Mammutaufgabe die Erschließung der enthaltenen Information darstellt. Das Google Blog ist eine gute Möglichkeit, bei den Technologien und Herausforderungen der Internetsuche auf dem Laufenden zu bleiben.

Bergman, Michael K.: »The ›Deep‹ Web: Surfacing Hidden Value«. Sioux Falls, SD: BrightPlanet 2001. (http://quod.lib.umich.edu/cgi/t/text/text-idx?c = jep;view = text; rgn = main;idno = 3336451.0007.104).

> Bergmans Artikel machte erstmals deutlich, wieviel Information das ›deep web‹ enthält. Die Aussage, es enthalte mehrere hundert Mal so viel Information wie das frei zugängliche Internet, schlägt bis heute Wellen – ein immer noch lesenswerter Aufsatz.

Bischopinck, Yvonne von/Ceyp, Michael: Suchmaschinen-Marketing: Konzepte, Umsetzung und Controlling für SEO und SEM. 2. Aufl. Berlin/Heidelberg: Springer 2008.

> Die wirtschaftlichen Mechanismen hinter den alltäglichen Suchmaschinen analysiert diese Publikation. Wenn Sie prüfen wollen, ob Ihre eigene Recherche durch diese Mechanismen beeinflusst wird, lohnt sich die Lektüre dieses Buches.

BMBF: Nutzung elektronischer wissenschaftlicher Information in der Hochschulausbildung. Studie im Auftrag des Bundesministeriums für Bildung und Forschung (BMBF) 2001. (http://www.stefi.de).

> In dieser sogenannten Stefi-Studie wurde erstmals offiziell festgehalten, dass es bei den deutschen Studierenden und Lehrenden massive Defizite im Bereich der Informationsrecherche gibt. Dass sich die Situation auch in anderen Ländern nicht grundlegend geändert hat, zeigen beispielsweise CIBER (2008) und JISC (2009).

Boswell, James: Life of Johnson. Hg. v. R.W. Chapman. Oxford: Oxford University Press 1952.

> Hier können Sie Samuel Johnsons Ansichten zum Thema Fach- und Findwissen nachlesen.

Case, Donald O.: Looking for Information. A Survey of Research on Information Seeking, Needs, and Behavior. 2. Aufl. Amsterdam u. a.: Elsevier 2007.

> Der Bereich Informationsverhalten wird in der deutschen Wissenschaft leider noch viel zu wenig untersucht. Studien wie die von Case können auch für jeden Studierenden gewinnbringend sein, da sie es ermöglichen, das eigene

bisherige Informationsverhalten zu analysieren und anhand vorgegebener Schritte zu optimieren.

Catts, Ralph/Lau, Jesus: Towards Information Literacy Indicators. Paris: UNESCO 2008. (http://www.ifla.org/files/information-literacy/publications/towards-information-literacy_2008-en.pdf).

Wie stellt man fest, ob jemand gut recherchieren kann? Diese Frage ist heiß umstritten. Die Publikation von Catts und Lau bietet einen ersten Zugang und ermöglicht Ihnen die Entwicklung eigener Studienziele.

CIBER: Information Behaviour of the Researcher of the Future. London: CIBER 2008. (http://www.jisc.ac.uk/media/documents/programmes/reppres/gg_final_keynote_11012008.pdf).

Wie geht die Generation, die bereits mit dem Internet aufgewachsen ist, mit elektronischen Medien um? Hat sie spezifische Vorteile gegenüber vorigen Generationen, weist ihr Informationsverhalten besondere Probleme auf und wie kann dem abgeholfen werden? Diesen Fragen widmet sich die CIBER-Publikation, die Ihnen ebenfalls den Vergleich mit dem eigenen Informationsverhalten ermöglicht.

Deutsche Bücherei: Verzeichnis der Schriften, die 1933–1945 nicht angezeigt werden durften. Leipzig: Verlag des Börsenvereins der deutschen Buchhändler 1949.

Die Publikation belegt, dass der Inhalt von Informationsmitteln auch aus ideologischen Gründen beeinflusst werden kann.

DFG: Elektronisches Publizieren im wissenschaftlichen Alltag: Überlegungen zur Integration elektronischer Publikationsformen in die Geisteswissenschaften. Bonn: Deutsche Forschungsgemeinschaft 2006. (http://www.dfg.de/forschungsfoerderung/wissenschaftliche_infrastruktur/lis/download/elektr_publizieren.pdf).

Eine grundlegende Stellungnahme der wichtigsten deutschen Wissenschafts-Förderorganisation u. a. zum Verhältnis von gedruckten und elektronischen Medien. Hier wird auch auf die Bedeutung der Informationskompetenz Bezug genommen.

DFG: Sicherung guter wissenschaftlicher Praxis. Denkschrift. Weinheim: Wiley-VCH 1988. (http://www.dfg.de/aktuelles_presse/reden_stellungnahmen/download/empfehlung_wiss_praxis_0198.pdf).

Eine grundlegende Stellungnahme derselben Organisation zu wissenschaftsethischen Fragen, beispielsweise zum Zitieren und zu Plagiaten.

Fansa, Jonas: Bibliotheksflirt. Bibliothek als öffentlicher Raum. Bad Honnef: Bock + Herchen 2008.

Eine amüsante Lektüre für zwischendurch: Wenn Sie einmal eine ganz andere Seite von Bibliotheken und ihren Benutzer/innen entdecken möchten.

Fisher, Karen E. u. a. (Hg.): Theories of Information Behavior. Medford, NJ: Information Today/asis&t 2005.

Wie Case (2007) erlaubt Ihnen diese Publikation, das eigene Informationsverhalten auf verschiedene Aspekte hin zu analysieren und es Stück für Stück zu verbessern.

Franke, Fabian/Schüller-Zwierlein, André: »Recherche-Hilfe erwünscht, gerne auch online. Ergebnisse einer aktuellen Studierendenbefragung durch Hochschulbibliotheken in Bayern«. In: BuB – Buch und Bibliothek 59:11/12 (2007), 794–798.

Die Ergebnisse dieser bayernweiten Untersuchung zeigen, wo Studierende Schwachstellen und Verbesserungsmöglichkeiten des Systems der wissenschaftlichen Informationsversorgung sehen und mit welchen Problemen sie beim Recherchieren konfrontiert sind. Prüfen Sie das Angebot Ihrer Hochschulbibliothek im Hinblick auf diese Ergebnisse!

Gantert, Klaus/Hacker, Rupert: Bibliothekarisches Grundwissen. 8. Aufl. Berlin/München: Saur 2008.

Einen Blick hinter die Kulissen einer Bibliothek erlaubt Ihnen dieses Werk, das für die bibliothekarische Ausbildung verfasst wurde. Sollten Sie bislang gelegentlich am ›Bibliothekarsdeutsch‹ gescheitert sein oder sich über manche Regelung gewundert haben – dieses Werk bietet Ihnen eine umfassende Einführung in die Aufgaben und Verfahrensweisen professioneller Bibliotheken und erlaubt Ihnen so, Ihr Vorgehen beim Recherchieren zu optimieren.

Gapski, Harald/Tekster, Thomas: Informationskompetenz in Deutschland. Düsseldorf: Landesanstalt für Medien Nordrhein-Westfalen (LfM) 2009. (http://www.lfm-nrw.de/downloads/Informationskompetenz_in_Deutschland_August_09.pdf).

Diese Studie zeigt die Relevanz der Informationskompetenz in verschiedenen Lebensbereichen auf und beschreibt die derzeit existierenden Initiativen. Sprechen Sie Ihre Hochschule auf die in dieser Studie gesetzten Standards an!

Harnad, Stevan: »Self-Archive Unto Others as Ye Would Have them Self-Archive Unto You«. In: American-Scientist-E-PRINT-Forum 2003. (http://cogprints.org/3022/1/unto-others.html).

Harnad, Stevan u. a.: »The Access/Impact Problem and the Green and Gold Roads to Open Access« (2004). (http://users.ecs.soton.ac.uk/harnad/Temp/impact.html).

Die beiden Artikel von Harnad geben Ihnen einen Überblick über die Grundfragen beim Thema ›open access‹ und erlauben es Ihnen, sich eine eigene Meinung über die Zukunft der wissenschaftlichen Veröffentlichung zu bilden.

He, Bin u. a.: »Accessing the deep web«. In: Communications of the ACM 50:5 (2007), 94–101.

Ein Artikel, der Ihnen die Struktur und die Problematik des ›deep web‹ noch einmal verdeutlicht.

Janich, Peter: Was ist Information? Frankfurt a.M.: Suhrkamp 2007.

Was ist eigentlich Information? Welche Arten von Information gibt es? Welche gesellschaftliche Relevanz hat Information? Anhand dieses Buches können Sie sich selbst Antworten auf diese Fragen erarbeiten und Ihre eigene Recherche- und Informationspraxis entsprechend anpassen.

JISC: Higher Education in a Web 2.0 World. Report of an independent Committee of Inquiry into the impact on higher education of students' widespread use of Web 2.0 technologies 2009. (http://www.jisc.ac.uk/media/documents/publications/heweb20rptv1.pdf).

Diese britische Studie zeigt, dass es trotz des zunehmenden Gebrauchs sozialer elektronischer Medien (›Web 2.0‹) bei Studierenden noch große Defizite im Bereich Informationskompetenz gibt. Geeignet zum Vergleich mit dem eigenen Informationsverhalten.

Jochum, Uwe: Kleine Bibliotheksgeschichte. 3., verb. u. erw. Aufl. Stuttgart: Reclam 2007.

Was sind Bibliotheken, wie haben sie sich entwickelt, wie erklären sich ihre heutigen Strukturen und Verfahrensweisen? Dieses Buch bietet Ihnen einen spannenden Einstieg in dieses Thema.

Kuhlen, Rainer: Die Konsequenzen von Informationsassistenten. Frankfurt a.M.: Suhrkamp 1999.

Was hat es für Konsequenzen, wenn wir uns bei der Informationssuche nicht nur auf uns selbst verlassen können, wenn wir Informationen von anderen Personen und von Maschinen zusammengestellte Informationen übernehmen müssen? Diese spannenden Fragen diskutiert Rainer Kuhlen in seinem immer noch relevanten Buch.

Kuhlen, Rainer: Informationsethik – Ethik in elektronischen Räumen. Konstanz: UVK 2004.

Zitate, Plagiate, Datenschutz – dies sind zentrale informationsethische Themen, die besonders angesichts der Vielzahl elektronischer Informationsmöglichkeiten auch für Studium und Wissenschaft zentral sind. Kuhlen führt in seinem Buch in diese Fragen ein.

Kuhlen, Rainer u. a. (Hg.): Grundlagen der praktischen Information und Dokumentation. 5. Ausg. 2 Bde. München: Saur 2004.

Ist doch alles im Netz, findet doch alles die Suchmaschine? Von wegen! Dieses umfangreiche Werk müssen Sie nicht Wort für Wort durchlesen, um einen Eindruck davon zu bekommen, was für ein riesiger Themenbereich die professionelle Aufbereitung von Information im Hinblick auf ihre alltägliche Wiederauffindbarkeit ist.

Lewandowski, Dirk (Hg.): Handbuch Internet-Suchmaschinen. Heidelberg: Akademische Verlagsgesellschaft 2008.

Was steckt hinter den Suchmaschinen? Welche eignet sich am besten für Ihren Zweck? Wie werden sie sich weiterentwickeln? Lewandowskis Handbuch gibt Ihnen einen Überblick über die wichtigsten Entwicklungen.

Neely, Teresa Y.: Information Literacy Assessment. Chicago: American Library Association 2006.

Ein Buch mit vielen Testfragen zur Informationskompetenz: Wie suchen Sie Ihre Informationsquellen aus? Wie finden Sie Informationen schnell und effektiv? Wie bewerten Sie Informationen? Kennen Sie die rechtlichen und ethischen Hintergründe? Sehr interessant, auch wenn es vorwiegend auf das College-Studium in den USA bezogen ist.

Plachta, Bodo: Editionswissenschaft: Eine Einführung in Methode und Praxis der Edition neuerer Texte. 2. Aufl. Stuttgart: Reclam 2006.

Was ist eine kritische Ausgabe, was eine diplomatische? Was ist zitierfähig? Plachtas Band bietet Ihnen einen guten Überblick über die wichtigsten Konzepte in diesem Bereich und erklärt, warum man den einen Text wissenschaftlich verwenden darf und den anderen nicht. Pflichtlektüre für jeden Geisteswissenschaftler!

Plassmann, Engelbert u. a.: Bibliotheken und Informationsgesellschaft in Deutschland: Eine Einführung. Wiesbaden: Harrassowitz 2006.

Wie ist das Bibliothekswesen in Deutschland strukturiert und was leisten Bibliotheken im Zeitalter der elektronischen Medien? Zu diesen Fragen bietet Ihnen die Publikation von Plassmann u. a. einen guten Überblick.

Rautenberg, Ursula (Hg.): Reclams Sachlexikon des Buches. Stuttgart: Reclam 2003.
Ausgabe, Auflage, Herausgeber und viele andere Begriffe mehr begegnen Ihnen im Laufe einer bibliografischen Recherche. Doch was ist die genaue Bedeutung und warum wird was wie verzeichnet? Viele dieser Details erklärt Ihnen das Sachlexikon des Buches.

Rifkin, Jeremy: The Age of Access. New York: Tarcher/Putnam 2001.
Welche Marktbewegungen, welche gesellschaftlichen Entwicklungen stehen hinter den Medien, in denen Sie täglich recherchieren? Steht Ihnen in einigen Jahren immer noch dieselbe Vielfalt an Information zur Verfügung wie im Moment? Geht die Entwicklung in eine falsche Richtung? Rifkins Buch ist Pflichtlektüre, wenn Sie sich für diese Fragen interessieren.

Schüller-Zwierlein, André (Red.): Die Vermittlung der Schlüsselqualifikation Informationskompetenz an der LMU München. Ein Lagebericht. München: LMU 2006. (http://epub.ub.uni-muenchen.de/archive/00001349/01/lagebericht.pdf).
Stärken und Schwächen, Leistungen und Desiderate im Bereich der Vermittlung von Informationskompetenz an einer der größten deutschen Universitäten analysiert dieser Bericht, der Ihnen einen Vergleich mit der eigenen Hochschule ermöglicht.

Spink, Amanda/Zimmer, Michael: Web Search: Multidisciplinary Perspectives. Dordrecht: Springer 2008.
Die Internetsuche ist ein komplexes Phänomen – um die Hintergründe hinter dem eigenen täglichen Googeln aus der Sicht verschiedener Disziplinen zu durchblicken, lohnt sich die Lektüre dieses Bandes.

Van Eimeren, Birgit/Frees, Beate: »Ergebnisse der ARD/ZDF-Onlinestudie 2008. Internetverbreitung: Größter Zuwachs bei Silver-Surfern«. In: Media Perspektiven 39:7 (2008), 330–344. (http://www.ard-zdf-onlinestudie.de/fileadmin/Online08/Eimeren_I.pdf).
Was wird eigentlich im Internet gesucht? Wofür eignet es sich am besten? Einen Überblick hierüber bietet diese Studie.

Weber, Stefan: Das Google-Copy-Paste-Syndrom. 2. Aufl. Hannover: Heise 2009.
Sie meinen, es würde schon keiner merken, wenn Sie einfach ganze Textabschnitte aus dem Internet in ihre Arbeit kopieren? Wenn Sie sich da mal nicht täuschen. Der Autor dieses Buches beschreibt ausführlich, wie viel und wie oft elektronisch abgeschrieben wird. Machen Sie es besser!

Wilson, Tom D.: »Models in information behaviour research«. In: Journal of Documentation 55:3 (1999), 249–270. (http://informationr.net/tdw/publ/papers/1999JDoc.html).
Informationsverhalten, Informationssuchverhalten, Informationsrechercheverhalten – diese Publikation bietet eine Einführung in diese grundlegenden Konzepte und ermöglicht es Ihnen, Ihr eigenes Vorgehen in einen breiteren Kontext einzuordnen.

Wissenschaftsrat: Empfehlungen zur digitalen Informationsversorgung durch Hochschulbibliotheken. Bonn: Wissenschaftsrat 2001. (http://www.wissenschaftsrat.de/texte/4935-01.pdf).
Diese Publikation eines zentralen deutschen Wissenschaftsgremiums zieht erste Konsequenzen aus der Stefi-Studie, die bis heute noch nicht vollständig

umgesetzt sind. Vergleichen Sie die Möglichkeiten und Strukturen Ihrer Hochschule mit den dort geschilderten!

Wouters, Paul u. a.: »On the Visibility of Information on the Web: An Exploratory Experimental Approach«. Research Evaluation 15:2 (2006), 107–115.

Wright, Alex: »Searching the Deep Web«. Communications of the ACM 51:10 (2008), 14–15.

> Zwei weitere Publikationen zum Thema ›deep web‹ – die Sichtbarkeit von Informationen ist ein Phänomen, das Studium und Wissenschaft zentral beeinflusst.

9. Glossar

Das folgende Glossar beruht in weiten Teilen auf dem Glossar zu Begriffen der Informationskompetenz, das von der AG Informationskompetenz NRW und dem Netzwerk Informationskompetenz Baden-Württemberg erstellt worden ist. Die vollständige Fassung ist online recherchierbar unter http://www.informationskompetenz.de/glossar.

Aufsatz (auch: Artikel)
Kürzere wissenschaftliche Arbeit, die im Rahmen von Zeitschriften, Sammelwerken usw. veröffentlicht wird. Aufsätze gehören zu den unselbstständigen Publikationen, die in der Regel nicht in Bibliothekskatalogen verzeichnet werden. Daher muss man sie über Bibliografien bzw. bibliografische Datenbanken ermitteln. In Literaturangaben sind Aufsätze üblicherweise durch Vermerke wie ›erschienen in‹ bzw. ›in‹ oder an Seitenangaben zu erkennen.
Siehe Seite 9, 19, 64, 81, *100–104*, 110, 113

Bibliografie
(Gedrucktes) Verzeichnis von Literaturnachweisen. Eine Bibliografie versucht, in einem definierten Bereich erschienene Literatur – unabhängig von ihrem Vorhandensein in einer Bibliothek oder ihrer Publikationsform – möglichst vollständig zu erfassen und nach inhaltlichen und/oder formalen Kriterien auffindbar zu machen. In einer Bibliografie erfährt man, was es an Literatur zu einem Themengebiet gibt, aber üblicherweise nicht, wie und wo man diese bekommen kann. Dies lässt sich im Anschluss z. B. über einen Bibliothekskatalog ermitteln. Zunehmend werden Bibliografien auch in elektronischer Form als bibliografische Datenbanken publiziert.
Siehe Seite *11*, 14, 107

Bibliografische Information
Standardisierte formale Angaben über eine Publikation. Bei einem Buch sind das z. B. Titel, Autor, Erscheinungsort, Verlag, Erscheinungsjahr, Seitenzahl, ISBN. Bibliografische Beschreibungen bilden das Grundgerüst jeder Literaturangabe. Welche Elemente genau in den bibliografischen Beschreibungen enthalten sein müssen, wird im wissenschaftlichen Bereich durch Zitiervorschriften festgelegt.
Siehe Seite 7, 9, *86*

Bibliothekskatalog
Verzeichnis der Medien, die eine Bibliothek zur Nutzung bereitstellt, meist mit der Information, wo und wie diese benutzt werden können. Bibliothekskataloge sind heute meist in elektronischer Form als Online-

Kataloge über das Internet recherchierbar. Enthalten sind in der Regel nur selbstständige Publikationen, die eine Bibliothek selbst zur Verfügung stellt – jedoch z. B. keine Aufsätze oder Dokumente, die im Internet frei nutzbar sind. Ältere Kataloge können auch in Form von gedruckten Katalogen, Image- oder Mikrofiche-Katalogen vorliegen.
Siehe Seite 10, 11, *12–14*, 26, 39, 59, 60, 61, *97–100*

Boolescher Operator
Ausdruck (Symbol oder Wort), der bestimmte logische Verknüpfungen zwischen einzelnen Suchbegriffen beschreibt, benannt nach dem Mathematiker George Boole. In vielen Datenbanken und Online-Katalogen können die Booleschen Operatoren UND, ODER und NICHT zum Einengen oder Erweitern einer Suche verwendet werden.
Siehe Seite *43*

Browsing (engl. Blättern, Stöbern)
Suchstrategie, bei der zunächst ein Überblick über vorhandene Materialien angestrebt wird, die dann systematisch durchgesehen werden, um Relevantes zu selektieren. Viele Datenbanken bieten sachliche Indizes oder Klassifikationen als Hilfsmittel zum Durchstöbern ihrer Inhalte an. Die Methode ist vor allem dann zu empfehlen, wenn man eine Datenbank noch nicht kennt und sich einen Eindruck von ihren Inhalten verschaffen möchte.
Siehe Seite *30*, 31, 32, 81

Datenbank
Elektronisches Medium zum strukturierten Ablegen und Wiederfinden von Information. Die enthaltene Information wird in Kategorien zerlegt (strukturiert) abgelegt. Dies ermöglicht eine differenzierte Suche in speziellen Suchkategorien.
Siehe Seite 14, *15*, 20, 25, 30, 106, 125

Datenbank-Infosystem (DBIS)
Datenbank, in der viele wissenschaftliche Bibliotheken Deutschlands die Datenbanken, die sie ihren Nutzern zur Verfügung stellen, erfassen und kurz beschreiben. DBIS wird von der UB Regensburg verwaltet und von allen beteiligten Bibliotheken kooperativ weiterentwickelt. Für die Nutzer bündelt DBIS sämtliche Informationen über gekaufte und frei im Internet verfügbare Datenbanken und macht sie recherchierbar.
Siehe Seite *15*, 16, 17, 106, 107, 108

Deep Web
Teil des Internets, der bei einer Recherche in der Regel nicht über Suchmaschinen auffindbar ist. Das Deep Web besteht zu großen Teilen aus Fachdatenbanken und Webseiten, die erst durch Anfragen dynamisch aus Datenbanken generiert werden. Die Größe des Deep Web wird un-

terschiedlich geschätzt; in jedem Fall ist es um ein Vielfaches größer als
der für normale Suchmaschinen sichtbare Teil.
Siehe Seite *20*

Dokumentlieferung

Service, der Kopien von Artikeln aus Fachzeitschriften oder Teile anderer Publikationen gegen Entgelt per Post oder E-Mail direkt an den Kun-
den liefert. Dokumentlieferdienste sind eine Alternative zur Fernleihe.
Sie besorgen die gesuchte Literatur in der Regel schneller, aber auch zu
einem höheren Preis als diese. Manche Lieferdienste bieten auch ganze
Bücher zur Ausleihe an.
Siehe Seite *63*

E-Book

Digitales Buch, häufig auf Basis des PDF-Formats. E-Books werden oft
als elektronische Kopie eines gedruckten Buches produziert – allerdings
sind fast immer typische Zusatzfunktionen digitaler Medien nutzbar:
Volltextsuche (manchmal auch über mehrere Bücher gleichzeitig), Mar-
kieren/Kopieren usw. E-Books etablierter Verlage entsprechen in der inhaltlichen Qualität den gedruckten Publikationen und können ebenso
wie diese in wissenschaftlichen Arbeiten verwendet und zitiert werden.
Siehe Seite 64, *66*, 99

Elektronische Zeitschriftenbibliothek (EZB)

Datenbank, die wissenschaftliche elektronische Zeitschriften aller Fach-
gebiete nachweist. Neben kostenlosen, frei zugänglichen Angeboten
können Benutzer/innen jeweils auf die von ihrer Heimatbibliothek
lizenzierten Zeitschriften zugreifen. Bei nicht lizenzierten Zeitschriften
besteht meist die Möglichkeit, die Inhaltsverzeichnisse einzusehen und
Artikel gegen Entgelt direkt beim Verlag zu erwerben.
Siehe Seite *19*, 64, 101, 103

Fernleihe

Dienstleistung von Bibliotheken, um am Ort nicht vorhandene Medien
im Rahmen des Leihverkehrs aus anderen Bibliotheken zu besorgen. Bei
der Online-Fernleihe werden diese Bestellungen auf elektronischem Weg
an andere Bibliotheken geschickt.
Siehe Seite 6, 12, *61*, 62, 97, 109, 111

Freihandbibliothek

Bibliothek, in der die meisten Medien frei zugänglich in den Regalen
stehen.
Siehe Seite 55, *56*, 57, 59

Informationskompetenz

Fähigkeit zu erkennen, wann welche Informationen benötigt werden, und diese dann zu finden, zu bewerten und effektiv zu nutzen.
Siehe Seite *3*, 55, *121*

Klassifikation (auch: Systematik)

Ordnungssystem, das meist nach wissenschaftlichen Disziplinen gegliedert ist. Die einzelnen Disziplinen und ihre Untergebiete werden in codierter Form durch eine Notation ausgedrückt.
Siehe Seite *30*, 31, 32, 57, 58

Link Resolver

Software, die es bei der Literatursuche in Datenbanken ermöglicht, von den darin ermittelten Treffern mit einem Klick entweder direkt zu den entsprechenden Volltexten zu gelangen, die Verfügbarkeit und die Standortangaben eines Mediums in einem Bibliotheks- oder Verbundkatalog zu ermitteln oder seine Bestellung über Fernleihe, Dokumentlieferdienste oder den Internetbuchhandel anzustoßen.
Siehe Seite *64*, 65, 66

Literaturbeschaffung

Teil des Informationsprozesses, bei dem bereits ermittelte Literatur möglichst effizient für die Lektüre beschafft wird. Typische Möglichkeiten zur Literaturbeschaffung sind: 1. Suche im lokalen Bibliothekskatalog, anschließend Ausleihe oder Kopieren vor Ort. 2. Direkter Zugriff auf Volltexte über Datenbanken und elektronische Zeitschriften. 3. Bestellung über Fernleihe. 4. Bestellung per Dokumentlieferung.
Siehe Seite *5*, 6, 11, 56, 64, 66, 98

Literaturrecherche

Eigenständige und zielgerichtete Suche nach relevanten wissenschaftlichen Publikationen zu einem bestimmten Thema.
Siehe Seite 2, *25–54*, 97–112

Literaturverwaltung

Professionelle Form der Speicherung und Verwaltung verwendeter Literatur mit Hilfe spezieller Literaturverwaltungssoftware. Diese Software ermöglicht es, bibliografische Angaben in strukturierter Form zu erfassen, sie zu ändern, abzuspeichern, nach verschiedenen Merkmalen zu ordnen und in definierter Form wieder auszugeben.
Siehe Seite 83, 85, *91–95*, 108

Magazinbibliothek

Bibliothek, in der ein Großteil der Medien nicht frei zugänglich, sondern in einem geschlossenen Magazin aufgestellt ist. Für die Ausleihe oder die Arbeit im Lesesaal müssen die Medien über den Online-Katalog be-

stellt werden. Nur Handbücher, Lexika oder andere Informationsmittel stehen meist in frei zugänglichen Regalen.
Siehe Seite *56, 58*

Maskierung
Einfügen von Platzhaltern anstelle von Buchstaben innerhalb eines Suchbegriffs. Durch Maskierung können bei der Literatursuche Schreibvarianten eines Wortes abgedeckt werden.
Siehe Seite *43*

Metasuche
Suchfunktion, die es erlaubt, mehrere Online-Kataloge oder Datenbanken gleichzeitig zu durchsuchen. Bei der Literaturrecherche ist die Verwendung der Metasuche insbesondere dann sinnvoll, wenn die gesuchte Publikation nicht in der lokalen Bibliothek verfügbar ist. Es ist allerdings dabei zu beachten, dass die Metasuche oft nur eine grobe Suche ermöglicht, weil verfeinernde Suchfunktionalitäten einzelner Suchinstrumente nicht zur Verfügung stehen.
Siehe Seite 13

Monografie (griech. Einzelschrift)
Im allgemeinen Wissenschaftsverständnis eine Schrift, in der ein einzelnes, begrenztes Thema umfassend behandelt wird. In Online-Katalogen und Datenbanken verwendet für ein Einzelwerk, meist eines Verfassers (Gegensatz: Sammelwerk).
Siehe Seite *9*, 17, 64, *97*

Notation (lat. Bezeichnung, Kennzeichnung)
Codierte (meist nummerische oder alphanummerische) Bezeichnung für einen Themenbereich innerhalb einer Klassifikation. Notationen dienen hauptsächlich der inhaltlichen Erschließung von Dokumenten. Sie können auch einen Teil der Signatur bilden, wenn ein Bibliotheksbestand systematisch aufgestellt ist.
Siehe Seite *30*, 31, 37, 52, 58

Open Access
Unbeschränkter und kostenloser Zugang zu wissenschaftlicher Information im Internet. Ziel der Open Access-Bewegung ist es, wissenschaftlichen Autor/innen durch den Abbau von Nutzungsbarrieren eine möglichst weite Verbreitung zu sichern. Über den Sinn und die verschiedenen Strategien von Open Access wird eine kontroverse Debatte geführt.
Siehe Seite 67, *68*, 82

Periodikum
Sammelbegriff für Veröffentlichungen, die in festgelegten regelmäßigen Abständen erscheinen, z. B. Zeitungen und Zeitschriften.
Siehe Seite *8, 9*

Phrasensuche
Suche nach zusammenhängenden Wortfolgen. Kataloge sehen oft ein gesondertes Suchfeld für die Phrasensuche vor; Suchmaschinen hingegen verlangen meist die Eingabe des Suchbegriffs in Anführungszeichen. Bei der Literatursuche ist die Phrasensuche immer dann wichtig, wenn die Einzelteile der Wortfolge sehr allgemein sind und dadurch eine zu große Treffermenge erzielt würde.
Siehe Seite *39, 42, 44, 47*

Plagiat
Geistiger Diebstahl; Verletzung des Urheberrechts an der geistigen, wissenschaftlichen oder künstlerischen Produktion Anderer durch nicht oder kaum veränderte Wiedergabe ohne Kennzeichnung der ursprünglichen Urheberschaft.
Siehe Seite *89*

Präsenzbibliothek
Bibliothek, in der die Medien nicht ausleihbar sind. Dies hat den Vorteil, dass die Bestände der Bibliothek Ihnen immer annähernd vollständig zur Verfügung stehen – während ausgeliehene Bücher oft wochenlang für andere Nutzer/innen nicht zugänglich sind.
Siehe Seite *56, 57, 59*

Precision
Im Zusammenhang mit der Literaturrecherche beschreibt der Begriff ›Precision‹ die Genauigkeit eines Suchergebnisses. Er gibt den Anteil der gefundenen relevanten Dokumente im Verhältnis zu allen gefundenen Dokumenten an. Die Überprüfung der Precision hilft dabei, ein Suchergebnis zu bewerten: Wenn nur ein geringer Teil der erzielten Treffer für das jeweilige Thema relevant ist, sollten die Suchbegriffe variiert werden.
Siehe Seite *70, 71*

Publikationsform
Form einer schriftlichen Veröffentlichung, unterschieden nach Zweck, Umfang und Inhalt, z. B. Buch, Aufsatz, Zeitschrift, Dissertation etc. In Katalogen und Datenbanken ist der Publikationstyp meist ein mögliches Suchkriterium, mit dem die Ergebnismenge bei einer Literatursuche formal eingeschränkt werden kann.
Siehe Seite *8, 53, 64, 72, 87*

Ranking (engl. Reihenfolge)

Im Kontext der Literaturrecherche: Reihenfolge, in der die Ergebnisse einer Suchanfrage angezeigt werden, basierend auf formalen oder inhaltlichen Sortierkriterien. Bei Suchmaschinen erhebt das Ranking meist den Anspruch, die relevantesten Ergebnisse zuerst anzuzeigen. Die dafür verwendeten Verfahren sind jedoch komplex und werden nicht vollständig offengelegt.
Siehe Seite 21, 38, *49*, 50, 51, 78

Recall

Kriterium zur Beurteilung eines Suchergebnisses. Der Wert beschreibt das Verhältnis der gefundenen relevanten Informationen zu den tatsächlich in der jeweiligen Datenbank enthaltenen relevanten Informationen.
Siehe Seite *70*, 71, 72

Recherchestrategie

Zielgerichtete, systematische Planung von Suchschritten bei einer Informationsrecherche. So kann z. B. über eine Stichwortsuche ein geeigneter Titel zu einem Thema ermittelt werden. Die diesem Titel zugeordneten Schlagwörter können dann für eine systematische Suche über die Suchkategorie ›Schlagwort‹ genutzt werden.
Siehe Seite *32*, 34

Rezension

Kritisch wertende Besprechung von Publikationen. Rezensionen sind besonders nützlich, um sich über den Inhalt und die Beurteilung einer Publikation in der wissenschaftlichen Diskussion zu informieren. Viele Fachzeitschriften enthalten Rezensionen. Insbesondere Rezensionen aus sozial- und geisteswissenschaftlichen Zeitschriften können über die Datenbank ›Internationale Bibliographie der Rezensionen (IBR)‹ ermittelt werden.
Siehe Seite *8*, 35, 38, 52, *80*, 81

Sammelband

Gedruckte Publikation mit in sich abgeschlossenen Beiträgen mehrerer Autor/innen, die sich auf das Thema bzw. den Titel des Sammelbands beziehen. Typische Sammelwerke sind z. B. Handbücher, Enzyklopädien, Kongress- und Festschriften. Man erkennt sie an der Angabe eines oder mehrerer Herausgeber, die die Beiträge thematisch aufeinander abgestimmt haben.
Siehe Seite *8*, 17, 35, *98*

Schlagwort

Begriff, der den Inhalt eines Dokuments auf der Basis eines normierten Begriffsverzeichnisses beschreibt. Schlagwörter werden auf der Grundlage einer Inhaltsanalyse von Fachleuten nach bestimmten Regeln ver-

geben. Sie müssen nicht im Dokument selbst vorkommen und unterscheiden sich deshalb häufig von Stichwörtern.
Siehe Seite *27*, 28, 29, 37, 38, 50, 51, 72, 106, 109

Schneeballsystem

Unsystematische Form der Literaturrecherche, die ergänzend zur Recherche in Bibliografien funktioniert: Bei der Lektüre einer relevanten Publikation wird die dort zitierte Literatur ausgewertet. Finden sich darunter weitere relevante Publikationen, werden diese beschafft und es wird dort wiederum die zitierte Literatur geprüft – und so weiter.
Siehe Seite *7*, 10, 11

Selbstständige Publikation

Publikation, die inhaltlich und physisch eine abgeschlossene Einheit bildet (z. B. als Buch). Sie ist nicht in eine andere Publikation, wie Zeitschrift oder Sammelwerk, eingebunden. In Bibliothekskatalogen kann in der Regel nur selbstständig erschienene Literatur gefunden werden.
Siehe Seite *8*, 11, 26, *99*

Signatur

Zeichenfolge aus Zahlen und/oder Buchstaben, die in Bibliotheken die Grundlage für die Ordnung der Medien im Regal bildet. Die Signatur wird nach einem inhaltlich oder formal bestimmten System gebildet und muss über den Katalog ermittelt werden. Sie führt dann zum genauen Standort eines gesuchten Mediums in der Bibliothek.
Siehe Seite *12*, 57, *58*

Stichwort

Begriff, der in der bibliografischen Beschreibung einer Publikation oder in einem Abstract vorkommt. Stichwörter sind im Unterschied zu Schlagwörtern nicht normiert und können daher auch in jeder beliebigen grammatischen Form vorkommen.
Siehe Seite *21*, *28*, 29, 36, 39, 97

Suchbegriff

Wort oder Zeichenfolge, nach der in einer Datenbank, einem Bibliothekskatalog oder einer Suchmaschine gesucht wird. Die Suchbegriffe können auf bestimmte Suchkategorien beschränkt und mit Operatoren verknüpft werden. Siehe
Seite *25*, 32–38

Suchkategorie

Untergliederung der suchbaren Begriffe nach formalen oder inhaltlichen Merkmalen, wie z. B. Schlagwort oder Titelstichwort. Suchkategorien ermöglichen eine gezieltere Suche nach Informationen, indem ein Suchbegriff nur in einer bestimmten Merkmalsgruppe gesucht wird. Die

meisten elektronischen Recherchesysteme ermöglichen bei den Such-
feldern die Auswahl von bestimmten Suchkategorien.
Siehe Seite *25*, 32, 36, 53, 110

Suchmaschine

Software, die die Inhalte des Internets über einen gespeicherten Index
suchbar macht. Eine Sondergruppe der Suchmaschinen sind Metasuchmaschinen, die über keine eigene Datenbank verfügen, sondern eine
Suchanfrage an mehrere andere Suchmaschinen absenden. Daneben
gibt es Suchmaschinen, die ihre Suche auf bestimmte z. B. fachwissen-
schaftliche Internetangebote beschränken. Suchmaschinen sind besonders für schnelle, punktuelle Informationen, z. B. für die Suche nach
einer Adresse, geeignet.
Siehe Seite *20–23*

Suchmaske

Gestaltete Oberfläche eines elektronischen Recherchesystems mit Feldern zur Eingabe und Verknüpfung von Suchbegriffen. Viele Systeme
bieten mehrere Suchmasken, z. B. eine ›Basic Search‹ für einfache Suchanfragen und eine ›Erweiterte Suche‹ für komplexe Suchanfragen über
mehrere Suchkategorien.
Siehe Seite 25, *26*, 101

Thematische Suche

Suche von Literatur und Informationen zu einem bestimmten Thema.
Bei der thematischen Suche werden im Gegensatz zur formalen Suche
besonders inhaltliche Suchkategorien wie Schlagwörter und Notationen
verwendet. Entscheidend für den Erfolg einer thematischen Suche ist
v.a. eine wohl überlegte Auswahl und gegebenenfalls Anpassung der
Suchbegriffe.
Siehe Seite *6*, 21, 30, *35*, 42, 104–107

Trunkierung (engl. *to truncate*)

Platzhalter für eine beliebige Anzahl von Zeichen bei einer Suchanfrage.
Trunkierungen sind meist am Ende eines Wortes (Rechtstrunkierung)
und seltener am Anfang eines Wortes (Linkstrunkierung) möglich.
Trunkierungen sind sinnvoll, wenn mehrere Varianten eines Begriffs
(z. B. grammatische Flexionen) gleichzeitig bei der Suche berücksichtigt
werden sollen.
Siehe Seite *41*, 42, 43, 53, 97

Urheberrecht

Recht zum Schutz der Urheber von Werken auf dem Gebiet der Literatur, Wissenschaft und Kunst vor Plagiat, nicht autorisierter Vervielfältigung, Verbreitung und öffentlicher Zugänglichmachung ihrer Werke.
Dieses Recht erlischt 70 Jahre nach dem Tod des Urhebers, d. h. sein

Werk ist dann für alle Nutzungsarten freigegeben. Das Urheberrecht muss bei der Vervielfältigung und dem Export von Literatur sowie bei deren Weiterverarbeitung beachtet werden.
Siehe Seite 59, 63, 67, *88*

Verbundkatalog
Regionaler Katalog, der die einzelnen Kataloge einer Region in einer Datenbank vereint oder sie gemeinsam durchsuchbar macht.
Siehe Seite *12*, 13, 61

Virtuelle Fachbibliothek (ViFa)
Fachbezogenes Angebot an nach fachwissenschaftlichen Kriterien ausgewählten und erschlossenen digitalen Ressourcen. Die Angebote der einzelnen ViFas werden im interdisziplinären Internetportal Vascoda zusammengeführt.
Siehe Seite *23*, 61, 63

Volltext
Dokument, das den vollständigen Text einer Publikation enthält, nicht nur eine bibliografische Information oder ein Abstract.
Siehe Seite 19, *64–68*, 100, 102, 106

Zeitschrift
Sammelwerk, das periodisch mindestens zweimal im Jahr erscheint.
Siehe Seite 8, *9*, 13, 19, 59, 65, 66, 77, 78, 80, 81, 100–104

Zitierstil
Konvention, die festlegt, welche Elemente in einer Literaturangabe enthalten sein müssen, in welcher Reihenfolge sie aufgeführt werden und wie sie formatiert sein sollen. Das Einhalten einer solchen Konvention ist Voraussetzung für die formale Korrektheit einer wissenschaftlichen Arbeit.
Siehe Seite 9, *86–90*

10. Wenn Ihnen das alles noch nichts geholfen hat ...

Dieses Buch enthält eine sehr große Menge an Information, die Sie erst einmal verdauen und vor allem in der Praxis umsetzen müssen. Und: Es wird sicherlich Punkte geben, an denen Ihnen das hier vermittelte Grundwissen nicht ausreicht. Was tun? Hier können Sie immer auf das Fachwissen Ihrer Bibliothek zurückgreifen. Jede Hochschulbibliothek verfügt über hochqualifizierte Bibliothekarinnen und Bibliothekare, die zumeist ein einschlägiges Fachstudium absolviert und oft sogar promoviert, also selbst umfassend wissenschaftlich gearbeitet haben. Sie dienen als **fachliche Ansprechpartner für die Studierenden und Lehrenden** eines oder mehrerer Fächer – oft heißen sie Fachreferenten.

Diese fachlichen Ansprechpartner sind diejenigen, die sämtliche Bücher, die Sie lesen, und sämtliche elektronischen Medien, in denen Sie recherchieren, nach Qualitätskriterien ausgesucht haben. Sie kennen sich mit den Details Ihres Wissenschaftsfachs und den spezifischen Rechercheproblemen aus und können Ihnen in der weiten Welt der Recherchemedien meist auf Anhieb mehrere Schritte weiterhelfen. Über fachspezifische Schulungen und E-Learning-Angebote hinaus stehen diese Ansprechpartner Ihnen immer auch für ganz individuelle Beratungen zur Verfügung, beispielsweise, wenn Sie eine längere Abschlussarbeit schreiben. **Nutzen Sie diesen Service!**

Fachreferenten